a mio Padre

Copyright © 2023 Daniele Di Noia

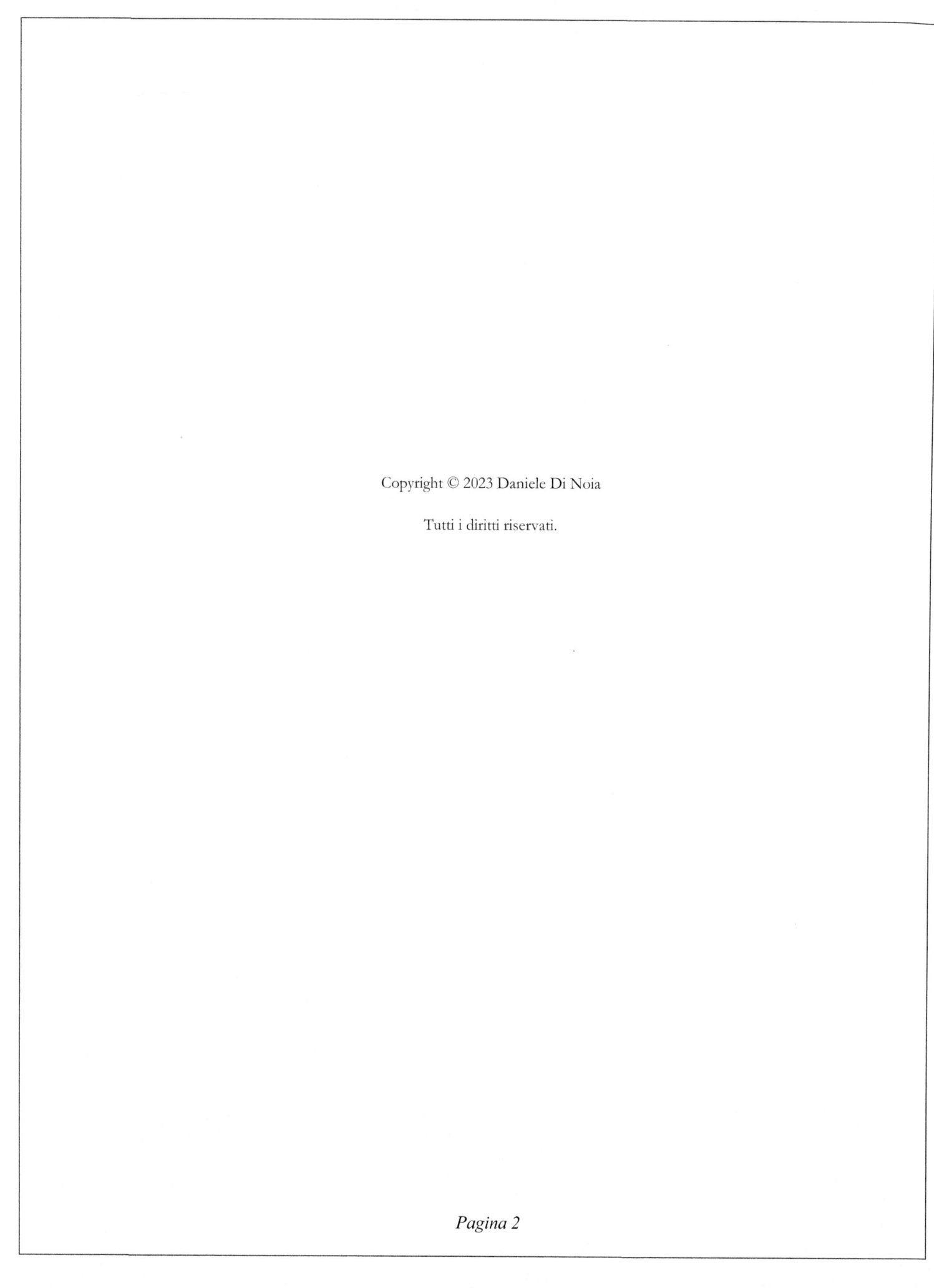

Tutti i diritti riservati.

Daniele DI NOIA

L'ALTRO MANUALE

DI

BASSO

SEMPLICITA' & SCHEMI

L'ARMONIA MUSICALE PER UN BASSISTA

QUELLO CHE NON PUOI NON SAPERE

INTRODUZIONE

C'era bisogno di un altro manuale per chi suona il basso elettrico? la risposta è sì. Escludendo chi ha fatto o sta facendo studi di armonia classica, negli anni ho maturato il convincimento che la maggior parte dei musicisti presti poca attenzione alle regole grammaticali della musica e dell'armonia. Per chi vuole suonare il pop, il rock, il blues, la dance o in generale per chi vuole suonare la musica leggera e affacciarsi al mondo Jazz questo manuale traccia un percorso semplice e chiaro di apprendimento di ciò che è utile sapere. Non si finisce mai di imparare e pur avendo 35 anni di esperienza con questo strumento riconosco che questo manuale serve anche a me.

Qui non tratto la tecnica strumentale ma l'armonia musicale. L'armonia è da intendere come la grammatica della musica ed è utile tutti i musicisti senza distinzione di esperienza. L'armonia non cambia in funzione dello strumento, ma questo manuale è particolarmente rivolto ai bassisti. Ho sviluppato un approccio schematico che sfrutta alcuni parallelismi derivanti dall'accordatura del basso elettrico. Esaminiamo un caso in cui con degli amici voglio suonare una canzone i cui accordi sono LA Maggiore e RE maggiore, nel suonare sento la spinta di fare un assolo ma non ho lo spartito oppure voglio improvvisare una linea di accompagnamento: il primo accordo è LA Maggiore e per passare in RE Maggiore sento l'esigenza di trovare una frase per collegare i due accordi. Che note suoniamo? Quale è il percorso sulla tastiera? **Questo manuale ci fornirà gli strumenti per capire con sicurezza quali note sono le più appropriate e opportune.** Nel fatto specifico capiremo perché un SI probabilmente non sarà bemolle oppure un DO sarà diesis.

Ognuno di noi ha un istinto musicale che in maniera più diffusa viene definito come "*orecchio*". L'orecchio aiuta a comprendere se una cosa suona bene oppure no. Questo vale per tutti anche per chi non suona. Quando siamo **investiti** da un accordo l'orecchio esegue una quantità di calcoli impressionante. Non è esagerato il termine "***investiti***" perché basta l'ascolto di un accordo o al massimo di 2 che l'orecchio per mezzo di questi calcoli involontari ci fa immergere in un contesto che suscita un'aspettativa di ascolto riuscendo così a capire se la melodia sia accordata e se le note siano giuste o meno. Se un cantante deve improvvisare una melodia su di una base musicale è facilitato perché quella quantità impressionante di calcoli involontari gli fa emettere una linea vocale che molto probabilmente sarà giusta, appropriata o consonante. Lo strumentista invece ha bisogno di conoscere quali note deve suonare sullo strumento. **Emerge così una difficoltà, quella di poter determinare linee appropriate con un buon margine di sicurezza.** La soluzione è l'attuazione delle regole dell'armonia musicale.

Questo manuale illuminerà le strade più opportune da percorrere sulla tastiera del basso, ci farà analizzare gli accordi, calcolare le tonalità che si susseguono nel brano e indicherà le scale più appropriate facendole scendere sulla tastiera. Grazie a questi accorgimenti potremo improvvisare una linea di accompagnamento o fare un assolo. Diventeremo esperti di tonalità, accordi e scale.

Verso la fine del manuale ci sarà una svolta e si aprirà un mondo pressoché infinito ma se seguiremo il percorso che propongo arriveremo preparati.

L'approccio musicale al suonare inizia con l'analisi degli accordi: **l'analisi orizzontale e l'analisi verticale.**

La prima analisi è quella che ha a che fare con lo studio di una sequenza di accordi che tra loro hanno in comune una relazione, il centro tonale. Il centro tonale è il mezzo che permette l'utilizzo di una stessa scala su quella sequenza. Il secondo approccio, quello dell'analisi verticale, è più specifico nel jazz e nella musica classica: quello che suoniamo ha un rapporto diretto con l'accordo che c'è in quel momento. Tale analisi serve ad arricchire il contenuto armonico dell'accordo estendendolo anche con lo sviluppo melodico.

Questo manuale è particolarmente adatto a chi ha già iniziato a suonare ma con lo strumento a tracolla prova quel senso di disagio nel non sapere quali note suonare.

Orecchio e gusto sono fondamentali per un musicista, la nostra sensibilità artistica è però vincolata da regole e quella quantità incredibile di calcoli alla quale mi riferivo non è altro che la loro attuazione istintiva. Di fronte a quesiti del tipo: perché se su di un accordo maggiore di settima eseguo una scala pentatonica minore il risultato è gradevole? Perché se faccio la stessa prova con un accordo maggiore con la settima maggiore la pentatonica minore non produce lo stesso risultato? Perché un MI ed un FA♭ suonano uguali ma sono due cose differenti?

Seguendo il percorso descritto in questo manuale le scale, gli accordi e i modi risulteranno semplici e di facile attuazione.

Questo manuale è strutturato in schemi, andiamoli a scoprire.

Alla pagina 128 inquadrando con il telefono il codice QR partirà un video didattico sull'argomento "ACCORDI MINORI" dimostrazione pratica del metodo che il manuale propone.

ISTRUZIONI PER L'USO:

Usiamo questo manuale come fosse un sito web: ad esempio a pagina 126 ci sono due pagine con il riepilogo di tutti i QR CODE presenti, link che conducono a delle pagine di YouTube con video, basi musicali e ascolti didattici. Nel manuale troviamo un sentiero didattico ben preciso ma se alcuni argomenti risultano già noti si può saltare alla pagina dei QR CODE e seguire il relativo argomento. Sotto al codice QR c'è il numero del link, l'argomento e il numero di pagina dove si trova la spiegazione. **Proviamone un paio:**

LINK 1
II V I in DO
Pag 48

ULTIMO VIDEO
L'accordo minore
Pag 129

PARTE 1

	introduzione	*pag. 5*
1	*la scala maggiore*	*pag. 12*
2	*gli accordi*	*pag. 16*
3	*per anglosassoni e francesi suonare si dice giocare*	*pag. 22*
4	*la nostra prima regola sequenza della tipologia degli accordi*	*pag. 28*
5	*alla ricerca di indizi (parte 1)*	*pag. 29*
6	*i centri tonali*	*pag. 32*
7	*il calcolo delle settime*	*pag. 36*
8	*la nostra seconda regola sequenza accordi con le settime*	*pag. 40*
9	*alla ricerca di indizi (parte 2)*	*pag. 41*

PARTE 2

10	*facciamo scendere le scale sulla tastiera del basso*	*pag. 44*
	analisi degli accordi	*pag. 44*
	calcolo dei centri tonali	*pag. 44*
	visualizzazione su tutta la tastiera della scala maggiore	*pag. 49*
11	*iniziamo a suonare sulla scala maggiore*	*pag. 50*
12	*le scale modali e le pentatoniche*	*pag. 52*
13	*alla scoperta della tastiera*	*pag. 55*
	i primi 5 tasti	*pag. 56*
	dal 5° al 12° tasto	*pag. 57*
	la scala maggiore di do sul basso	*pag. 58*
	esercizio: scala maggiore su un'ottava completa	*pag. 60*
14	*iniziamo con gli schemi*	*pag. 62*
15	*intervalli e armonia con i pallini*	*pag. 65*
16	*le posizioni della scala maggiore*	*pag. 70*
17	*mettiamo un po' di sapore jazz*	*pag. 84*
18	*la scala minore naturale e i suoi accordi*	*pag. 86*
19	*la scala minore melodica e i suoi accordi*	*pag. 88*

parte 3

20	suoni e sensazioni	pag. 96
21	le sostituzioni	pag. 98
	sostituzione diatonica	pag. 98
	accordi di risoluzione	pag. 98
	accordi di tensione	pag. 99
	accordi di preparazione	pag. 99
	cadenze	pag. 100
	sostituzioni cromatiche	pag. 101
	accordi di dominante secondarie	pag. 101
22	accordi di dominante ed il tritono	pag. 104
23	sostituzione dell'accordo di dominante	pag. 106
24	libertà di alterare	pag. 108
25	armonia diminuita	pag. 111
26	accordo aumentato	pag. 114
27	accordi di dominante alterato	pag. 116
28	scala esatonale	pag. 117
29	rappresentazioni grafiche delle tonalità	pag. 118
30	riepilogo in base degli accordi	pag. 120
31	riepilogo dei link	pag. 127
32	il mio ultimo consiglio	pag. 129
33	chiusura	pag. 131

N.B.:

Ogni passo o questione armonica che in questo manuale viene sottointeso è stato spiegato in precedenza. Non viene descritto nulla se non è stato dimostrato prima. Di conseguenza è preferibile evitare di saltare le pagine poiché i riferimenti sono continui e collegati fra loro.

L'ALTRO MANUALE DI BASSO

PARTE 1

La scala maggiore

Il sistema musicale che usiamo in Occidente si chiama "temperato" ed indica un'appartenenza culturale. Tale sistema prevede che l'ottava musicale venga divisa in 12 suoni, chiamati semitoni. Il semitono è l'intervallo minimo presente sugli strumenti musicali con i tasti.

Nella nostra area culturale usiamo le scale diatoniche che sono scale composte da sette suoni fondamentali. Una delle scale diatoniche più comuni è la scala maggiore ne esistono 12 una per ogni semitono possibile. Gli accordi e le scale modali derivano dalla scala maggiore, ma i suoi suoni fondamentali rimangono sempre 7 e corrispondono alle note: DO, RE, MI, FA, SOL, LA e SI.

Ogni scala diatonica è caratterizzata da distanze precise tra i suoni fondamentali. Queste distanze derivano da **postulati** e sono indispensabili. Ogni postulato determina un tipo di scala. Le distanze tra i suoni sono espresse in toni e semitoni: un tono è formato da due semitoni. Prendiamo in esame **il primo postulato quello della scala Maggiore**: le distanze tra i 7 suoni sono:

TONO   TONO   ½ TONO   TONO   TONO   TONO   ½ TONO

Per semplicità di identificazione, i suoni della tonalità li chiamiamo gradi. Così abbiamo:

1°   2°   3°   4°   5°   6°   7°   8°

Analizziamo la scala maggiore di DO, la più semplice. Su di un pianoforte è composta da tutti i tasti bianchi. Ecco come si presenta la scala maggiore di DO:

DO   RE   MI   FA   SOL   LA   SI   DO

Bella scoperta, ma adesso la dimostriamo. Partiamo dalla raffigurazione della scala maggiore di DO sulla tastiera del Pianoforte:

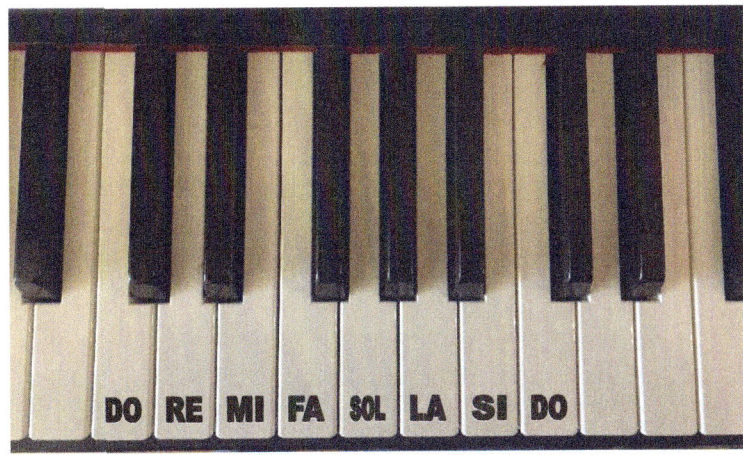

Figura 1

Le note sono illustrate nella figura 1. Tra i tasti bianchi ci sono anche i tasti neri ad eccezione di quelli tra MI e FA e tra SI e DO. Come si chiamano questi tasti neri? Possono essere chiamati con il nome del tasto bianco precedente seguito dal suffisso "diesis" o con il nome del tasto bianco successivo seguito dal suffisso "bemolle". A cosa servono questi tasti neri, lo scopriremo a breve.

Ora applichiamo il sistema diatonico utilizzando **il primo postulato riguardante gli intervalli della scala maggiore**, *che sono:*

TONO   TONO   ½ TONO   TONO   TONO   TONO   ½ TONO

Partiamo dalla nota DO e facciamo le somme:

1°	2°	3°	4°	5°	6°	7°	8°
DO	......	......	......	......	......	......	......
TONO	TONO	½TONO	TONO	TONO	TONO	½TONO	

DO	più un TONO	è uguale a	RE
RE	più un TONO	è uguale a	MI
MI	più un ½ TONO	è uguale a	FA
FA	più un TONO	è uguale a	SOL
SOL	più un TONO	è uguale a	LA
LA	più un TONO	è uguale a	SI
SI	più un ½ TONO	è uguale a	DO

Ecco la nostra prima scala maggiore, quella di DO.

Esempio della scala maggiore di DO:

1°	2°	3°	4°	5°	6°	7°	8°
DO	RE	MI	FA	SOL	LA	SI	DO
TONO	TONO	½TONO	TONO	TONO	TONO	½TONO	

Esempio della scala maggiore di SOL:

1°	2°	3°	4°	5°	6°	7°	8°
SOL	LA	SI	DO	RE	MI	FA#	SOL
TONO	TONO	½TONO	TONO	TONO	TONO	½TONO	

Esempio della scala maggiore di FA:

1°	2°	3°	4°	5°	6°	7°	8°
FA	SOL	LA	SIb	DO	RE	MI	FA
TONO	TONO	½TONO	TONO	TONO	TONO	½TONO	

Esaminiamo la tonalità di SOL maggiore: Il 7° grado è un suono di FA ma si tratta di un diesis (#) perché il 6° grado è un MI e MI più un tono è FA#. Quindi, nella tonalità di SOL maggiore c'è un diesis su FA, l'alterazione in musica si scrive sul pentagramma accanto la chiave di lettura e quindi sintetizziamo che 'alterazione in chiave è il diesis su FA.

Nell'esempio della tonalità di FA maggiore abbiamo un bemolle (♭) sul SI al 4° grado perché il 3° grado è LA e LA più ½ tono è uguale a SI♭.

È un errore comune pensare che LA più ½ tono sia uguale a LA#. In realtà, LA# e SI♭ hanno lo stesso suono e si dice che le due note sono enarmoniche, ovvero suonano allo stesso modo ma stiamo parlando del linguaggio dell'armonia. Siamo in un sistema diatonico dove i suoni fondamentali sono 7 e un suono fondamentale nella scala non si ripete mai. In tonalità di FA maggiore, il 3° grado è un suono di LA e il 4° grado è un suono di SI:

1° grado   suono del **FA**

2° grado   suono del **SOL**

3° grado   suono del **LA**

4° grado   suono del **SI**

Più precisamente la formula è LA (3° grado) più ½ tono, il cui risultato è SI♭.

Esempio della scala maggiore di FA#:

1°	2°	3°	4°	5°	6°	7°	8°
FA#	SOL#	LA#	SI	DO#	RE#	MI#	FA#
TONO	TONO	½ TONO	TONO	TONO	TONO	½ TONO	

Analogamente alla tonalità di FA maggiore, notiamo che al 7° grado della tonalità di FA# maggiore troviamo un MI#. Sembrerebbe che MI# sia la stessa nota di FA. Tuttavia, nel linguaggio dell'armonia al 7° grado della tonalità di FA# maggiore abbiamo un suono di MI mentre il suono precedente è il 6° grado, che è RE#, a cui va aggiunto un tono per ottenere MI#.

Gli accordi

L'accordo musicale è un evento in cui vengono suonate simultaneamente tre o più note organizzate per intervalli di terza, se vengono suonate due note si parla di **bicordo**. Su ogni grado di una scala si sviluppa un accordo. Le note che costituiscono l'accordo appartengono sempre alla scala diatonica di interesse. Partiamo dall'esempio più semplice, quello della tonalità di DO maggiore. Applichiamo **il primo postulato**:

$$T - T - ½T - T - T - T - ½T$$

La prima nota della scala è quella che dà il nome alla tonalità. Le note successive saranno utilizzate per comporre gli accordi.

Gli accordi sono composti da tre gradi essenziali: il 1°, il 3° e il 5°. Tra il 1° grado e il 3° c'è un intervallo di terza, esattamente come tra il 3° e il 5° dove c'è sempre un intervallo di terza:

- Il 1° grado chiamato **prima** o **tonica** è la nota fondamentale che dà il nome all'accordo.

- Il 3° grado chiamato **terza** o **modale** è importante perché determina se l'accordo è maggiore o minore. Secondo il **secondo postulato**, **se la terza dista 4 semitoni dalla tonica l'accordo è maggiore, se ne dista 3 l'accordo è minore.**

- Il 5° grado, chiamato **quinta** o **dominante** è importante quanto la tonica e conferisce stabilità all'accordo. Dista sette semitoni dalla tonica.

ESEMPI DI TERZE:

Esempio 1: *la terza Maggiore del DO è il MI*   *2 toni o 4 semitoni;*

Esempio 2: *la terza Minore del DO è il MI♭*   *1 tono e mezzo o 3 semitoni;*

Esempio 3: *la terza Maggiore del SOL è il SI*   *2 toni;*

Esempio 4: *la terza Minore del SOL è il SI♭*   *1 tono e mezzo;*

Esempio 5: *la terza Maggiore del FA è il LA*   *2 toni;*

Esempio 6: *la terza Minore del FA è il LA♭*   *1 tono e mezzo;*

Esempio 7: *la terza Maggiore del MI è il SOL#*   *2 toni;*

Esempio 8: *la terza Minore del MI è il SOL*   *1 tono e mezzo;*

ESEMPI DI QUINTE:

Esempio 9: *la quinta giusta del DO è SOL*   *7 semitoni;*

Esempio 10: *la quinta giusta del SOL è RE*   *7 semitoni;*

Esempio 11: *la quinta giusta del FA è DO*   *7 semitoni;*

Esempio 12: *la quinta giusta del MI è SI*   *7 semitoni;*

Ora costruiamo il primo accordo: quello basilare è formato dai gradi 1°, 3° e 5°. Ricordiamo che la quinta rispetto alla terza è un'ulteriore terza costruita sulla terza stessa.

Il primo accordo della tonalità di DO maggiore è costruito sul primo grado della scala, ovvero DO.

Per trovare la terza di DO contiamo tre note o gradi a partire da DO:

DO RE MI

La terza di DO e MI

Per trovare la quinta di DO contiamo cinque note a partire da DO.:

DO RE MI FA SOL

La quinta di DO è SOL

*L'accordo costruito sul DO, tonica, terza e quinta, è formato dalle note **DO, MI e SOL***

Mettiamo su pentagramma in chiave di basso DO/MI/SOL, il DO è sul secondo spazio dal basso, il MI è a una terza di DO, e il SOL è a una terza di MI.

DO						
1°	2°	3°	4°	5°	6°	7°

*Lo chiamo "**il giochetto delle terze**": se la tonica si trova su uno spazio del pentagramma, terza e quinta si troveranno sui due spazi superiori. Se la tonica dell'accordo si trova su un rigo, le due terze superiori (terza e quinta) si troveranno sui due righi superiori. Per accordi più complessi che prevedono settime, none, ecc., si tratta sempre di ulteriori terze costruite su quelle precedenti. Le terze successive si troveranno sempre su spazi se la tonica è su uno spazio, su righi se la tonica è su un rigo.*

L'esempio dell'accordo qui sotto indica un di SOL maggiore con l'apporto di un'ulteriore terza oltre alla quinta, le note esposte si trovano sui righi del pentagramma e dal basso troviamo la tonica la terza la quinta e la settima che rispettivamente sono SOL SI RE per prima, terza e quinta ed il FA per la settima:

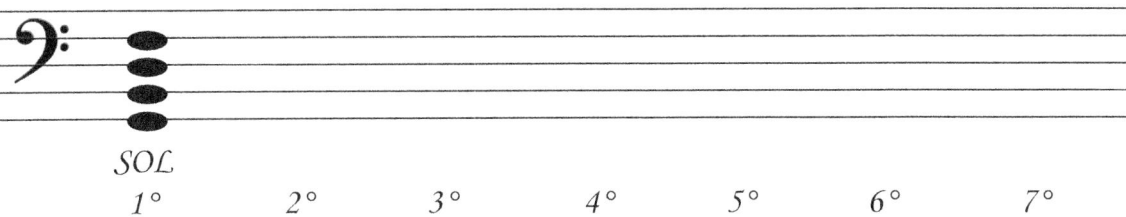

Continuiamo con il nostro algoritmo mentale per costruire gli accordi della scala maggiore. Il primo passo è la scala maggiore. Iniziamo con l'esempio della scala di DO maggiore e la eseguiamo con lo studio delle distanze T - T - ½T - T - T - T - ½T:

Scala maggiore di DO:

1°	2°	3°	4°	5°	6°	7°	8°
DO	RE	MI	FA	SOL	LA	SI	DO
TONO	TONO	½TONO	TONO	TONO	TONO	½TONO	

Trasferiamo tutto sul pentagramma in chiave di basso:

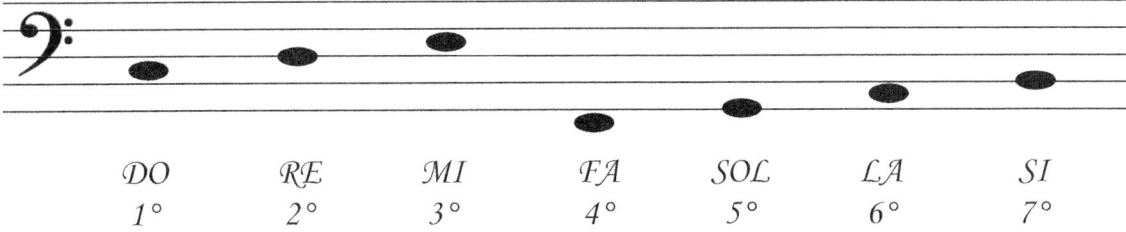

Una volta fatta la scala maggiore, posizioniamo altre due terze oltre la tonica ottenendo così la terza e la quinta per tutti i gradi della scala. Applichiamo il "giochetto delle terze" che abbiamo descritto nella pagina precedente su tutti i gradi della scala maggiore di DO ottenendo così dei gruppi di note che indicano gli accordi della tonalità della scala maggiore di DO:

Esempio 13:

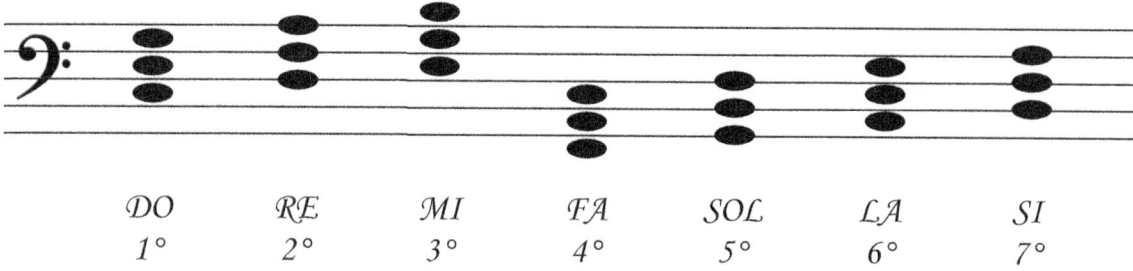

DO	RE	MI	FA	SOL	LA	SI
1°	2°	3°	4°	5°	6°	7°

Utilizzando quanto espresso all'inizio del paragrafo sugli accordi possiamo analizzare gli accordi dell'esempio 13 e dare un nome a tutti gli accordi che abbiamo ricavato.

Accordo al 1° grado
DO MI SOL

DO – MI	è un intervallo di 4 semitoni	Terza Maggiore
DO MI SOL	terza Maggiore e quinta giusta	accordo di **DO maggiore**

L'accordo al primo grado è un DO maggiore perché la tonica dà il nome all'accordo quindi si tratta di un accordo di DO. La terza è maggiore perché il MI dista 4 semitoni dal DO.

Accordo al 2° grado
RE FA LA

RE – FA	è un intervallo di 3 semitoni	Terza minore
RE FA LA	terza Minore e quinta giusta	accordo di **RE minore**

Accordo al 3° grado
MI SOL SI

MI – SOL	è un intervallo di 3 semitoni	Terza minore
MI SOL SI	terza Minore e quinta giusta	accordo di **MI minore**

Accordo al 4° grado

FA LA DO

FA – LA	è un intervallo di 4 semitoni	Terza Maggiore
FA LA DO	terza Maggiore e quinta giusta	accordo di **FA maggiore**

Accordo al 5° grado

SOL SI RE

SOL – SI	è un intervallo di 4 semitoni	Terza Maggiore
SOL SI RE	terza Maggiore e quinta giusta	accordo di **SOL maggiore**

Accordo al 6° grado

LA DO MI

LA – DO	è un intervallo di 3 semitoni	Terza minore
LA DO MI	terza Minore e quinta giusta	accordo di **LA minore**

Accordo al 7° grado

SI RE FA

SI – RE	è un intervallo di 3 semitoni	Terza minore
SI RE FA	terza Minore e quinta **diminuita**	accordo di **SI diminuito**

*L'accordo costruito al 7° grado si presenta una sola volta nella tonalità maggiore, la quinta è **diminuita** inquanto dista 6 semitoni dalla tonica invece di 7. Questo accordo, poiché presenta anche una terza minore, viene chiamato **diminuito** e rappresenta l'unico accordo della tonalità maggiore con queste caratteristiche. Anticipiamo che questa triade ovvero accordo formato da tre note quando lo troveremo arricchito con un ulteriore terza si chiamerà in un'altra maniera.*

Per anglosassoni e francesi suonare si dice giocare

Mi ha sempre colpito come gli americani e gli inglesi usino il verbo "to play" per indicare suonare anche se il suo significato principale è "giocare". I francesi hanno un'espressione simile, "jouer". La musica è soprattutto gioco e divertimento. Abbiamo così fatto il gioco delle terze. Ora andiamo al prossimo gioco.

Qual è l'utilità dello studio che abbiamo appena fatto nel capitolo precedente? A cosa serve?

L'esempio 13 ci ha mostrato quali sono gli accordi della tonalità di DO maggiore e come si formano. Presto faremo altri esempi e noteremo delle somiglianze che ci permetteranno di formulare delle regole generali utili a confrontare gli accordi di una canzone e scoprire la o le tonalità utilizzate.

REGOLA ASSOLUTA

"Il gioco consiste nell'analizzare gli accordi di un brano musicale e determinarne le tonalità. Una volta identificate le tonalità useremo le loro scale maggiori per suonare linee d'accompagnamento o improvvisare."

L'importanza della regola appena enunciata è fondamentale. Se suoniamo una canzone con gli accordi RE minore e MI minore, grazie all'esempio 13 e a indizi che troveremo in seguito riusciremo a capire che si tratta dei gradi 2° e 3° della tonalità di DO maggiore. Utilizzando la scala di DO maggiore individueremo le relative diteggiature sulla tastiera e, utilizzando orecchio e fantasia, potremo creare una linea di accompagnamento o un assolo perché saremo in tonalità.

Esempio 14:

Dopo aver esaminato la tonalità di DO maggiore analizziamo ora quella di SOL maggiore. Eseguiamo la scala maggiore seguendo lo studio T - T - ½T - T - T - T - ½T:

1°	2°	3°	4°	5°	6°	7°	8°
SOL	LA	SI	DO	RE	MI	FA#	SOL
TONO	TONO	½TONO	TONO	TONO	TONO	½TONO	

Notiamo che molte delle note della tonalità di DO maggiore sono presenti anche in quella di SOL; possiamo quindi affermare che queste due tonalità sono simili. Al 7° grado inoltre il FA diventa diesis poiché MI più un tono è FA#. Trasferiamo queste informazioni sul pentagramma.

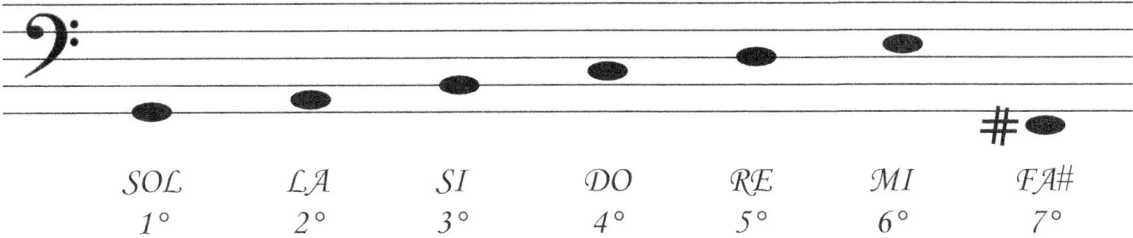

Fatta la scala maggiore facciamo il gioco delle terze e andiamo a posizionare terze e quinte:

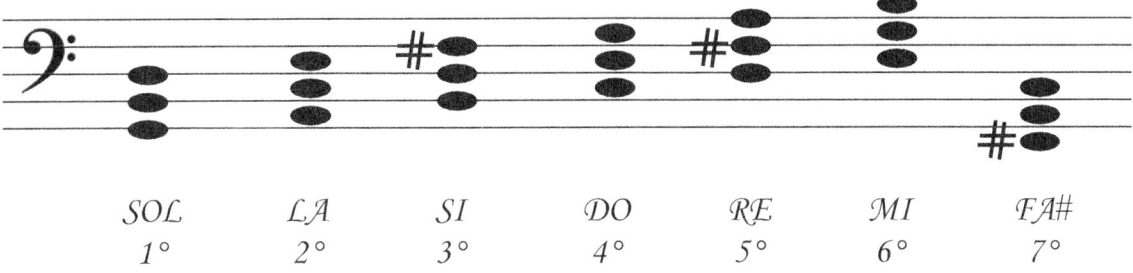

Come detto in precedenza, se la nota della tonica si trova su uno spazio le successive terze si troveranno su spazi mentre se la tonica si trova su una linea le successive terze si troveranno su linee.

Nel primo pentagramma dell'esempio 14 abbiamo notato che al 7° grado il FA è diesis. Sarebbe opportuno riportarlo in chiave per semplificare la lettura del musicista poiché se si aggiunge l'alterazione in chiave tutti i FA sul pentagramma dovranno essere letti con l'alterazione. In quest'ultimo caso tuttavia derogheremo da questa regola e specificheremo le eventuali alterazioni accanto alle note: al 3° e al 5° grado indicheremo il diesis per i FA presenti.

Continuiamo a fare riferimento alla regola delle terze e analizziamo gli accordi dell'esempio 14 per dare i nomi appropriati a tutti gli accordi della tonalità di SOL.

1° grado

SOL SI RE

SOL – SI	è un intervallo di 4 semitoni	terza maggiore
SOL SI RE	terza maggiore e quinta giusta	accordo di **SOL maggiore**

2° grado

LA DO MI

LA – DO	è un intervallo di 3 semitoni	terza minore
LA DO MI	terza minore e quinta giusta	accordo di **LA minore**

3° grado

SI RE FA#

SI – RE	è un intervallo di 3 semitoni	terza minore
SI RE FA#	terza minore e quinta giusta	accordo di **SI minore**

4° grado

DO MI SOL

DO – MI	è un intervallo di 4 semitoni	terza maggiore
DO MI SOL	terza maggiore e quinta giusta	accordo di **DO maggiore**

5° grado

RE FA# LA

RE – FA#	è un intervallo di 4 semitoni	terza maggiore
RE FA# LA	terza maggiore e quinta giusta	accordo di **RE maggiore**

6° grado

MI SOL SI

MI – SOL   è un intervallo di 3 semitoni   terza minore

MI SOL SI   terza minore e quinta giusta   accordo di **MI minore**

7° grado

FA# LA DO

FA# – LA   è un intervallo di 3 semitoni   Terza minore

FA# LA DO   terza minore e quinta diminuita   accordo di **FA# diminuito**

*Come nell'esempio precedente, l'accordo costruito al 7° grado è unico nella tonalità maggiore poiché presenta una quinta distante 6 semitoni dalla tonica invece di 7, questo tipo di quinta è chiamata diminuita. Questo accordo poiché presenta anche una terza minore è chiamato **diminuito** e rappresenta l'unico accordo della tonalità maggiore con queste caratteristiche.*

Confrontando gli accordi derivati dalle tonalità di DO maggiore e SOL maggiore notiamo delle somiglianze.

Non ci soffermeremo adesso su queste somiglianze ma continuiamo con un altro esempio analizzando ora la tonalità di FA maggiore:

Esempio 15:

Procediamo come di consueto con il nostro algoritmo mentale. Il primo passo è l'esecuzione della scala maggiore seguendo lo studio T - T - ½T - T - T - T - ½T.

1°	2°	3°	4°	5°	6°	7°	8°
FA	SOL	LA	SIb	DO	RE	MI	FA
TONO	TONO	½TONO	TONO	TONO	TONO	½TONO	

Notiamo che al 4° grado il SI è bemolle poiché il 3° grado LA, al quale si aggiunge mezzo tono, diventa LA# che nella lingua dell'armonia è SI♭. Trasferiamo queste informazioni sul pentagramma.

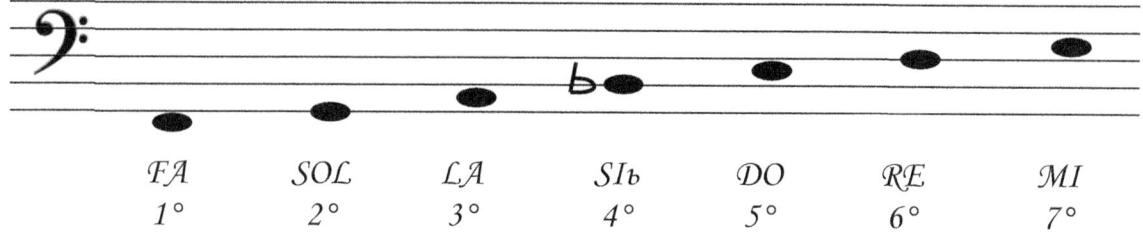

FA	SOL	LA	SI♭	DO	RE	MI
1°	2°	3°	4°	5°	6°	7°

Fatta la scala maggiore andiamo a fare il gioco delle terze:

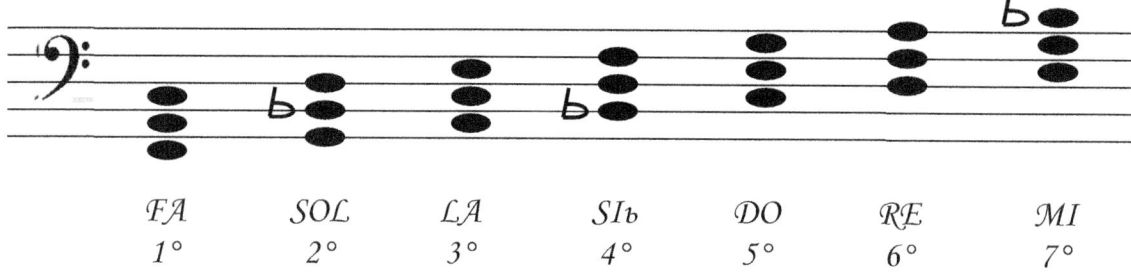

FA	SOL	LA	SI♭	DO	RE	MI
1°	2°	3°	4°	5°	6°	7°

Diamo un nome agli accordi:

1° grado

FA LA DO

FA – LA	è un intervallo di 4 semitoni	terza maggiore
FA LA DO	terza maggiore e quinta giusta	accordo di **FA maggiore**

2° grado

SOL SI♭ RE

SOL – SI♭	è un intervallo di 3 semitoni	terza minore
SOL SI♭ RE	terza minore e quinta giusta	accordo di **SOL minore**

3° grado

LA DO MI

LA – DO	*è un intervallo di 3 semitoni*	*terza minore*
LA DO MI	*terza minore e quinta giusta*	*accordo di* **LA minore**

4° grado

SI♭ RE FA

SI♭ – RE	*è un intervallo di 4 semitoni*	*terza maggiore*
SI♭ RE FA	*terza maggiore e quinta giusta*	*accordo di* **SI♭ maggiore**

5° grado

DO MI SOL

DO – MI	*è un intervallo di 4 semitoni*	*terza maggiore*
DO MI SOL	*terza maggiore e quinta giusta*	*accordo di* **DO maggiore**

6° grado

RE FA LA

RE – FA	*è un intervallo di 3 semitoni*	*Terza minore*
RE FA LA	*terza Minore e quinta giusta*	*accordo di* **RE minore**

7° grado

MI SOL SI♭

MI – SOL	*è un intervallo di 3 semitoni*	*terza minore*
MI SOL SI♭	*terza mnore e quinta diminuita*	*accordo di* **MI diminuito**

Finora abbiamo analizzato tre tonalità che mettendole a confronto presentano una serie di somiglianze. **La successione degli accordi all'interno delle tre tonalità maggiori è la stessa.** *Ne segue una regola generale che permette di affrontare le nostre improvvisazioni in modo efficace.*

La nostra prima regola

sequenza della tipologia degli accordi

Abbiamo confrontato tre tonalità e abbiamo notato che la successione degli accordi è la stessa. Non è una coincidenza per cui possiamo formulare una regola generale di base. Se non sei convinto ti invito ad analizzare un'altra tonalità ma i risultati saranno gli stessi. Possiamo quindi affermare che c'è una linea comune in tutte le tonalità maggiori. La successione degli accordi all'interno della tonalità maggiore ha le seguenti caratteristiche:

1) *L'accordo che nasce sul 1° grado è un accordo*   MAGGIORE
2) *L'accordo che nasce sul 2° grado è un accordo*   **minore**
3) *L'accordo che nasce sul 3° grado è un accordo*   **minore**
4) *L'accordo che nasce sul 4° grado è un accordo*   MAGGIORE
5) *L'accordo che nasce sul 5° grado è un accordo*   MAGGIORE
6) *L'accordo che nasce sul 6° grado è un accordo*   **minore**
7) *L'accordo che nasce sul 7° grado è un accordo*   **diminuito**

Espressa la **prima regola generale** *facciamo delle considerazioni della tonalità maggiore:*

- *ci sono 3 accordi maggiori*
- *ci sono 3 accordi minori*
- *c'è un solo accordo semidiminuito*

Alla ricerca di indizi

(parte 1)

Il percorso fin qui seguito ci permette di trovare con semplicità le tonalità dei brani musicali ovvero di poter calcolare la tonalità della sequenza degli accordi che dobbiamo suonare. Questo lavoro sarà utile per capire quale scala dovremo utilizzare per il nostro **PLAYING** e risulterà necessario per raccogliere gli indizi utili per calcolare le tonalità in una sequenza di accordi:

Indizio 1 Gli accordi maggiori all'interno della tonalità sono 3 e ricoprono il 1° il 4° ed il 5° grado;

Indizio 2 La distanza, l'intervallo tra l'accordo Maggiore tra il 1° e il 4° grado è di una quarta giusta;

Scendiamo sulla tastiera:

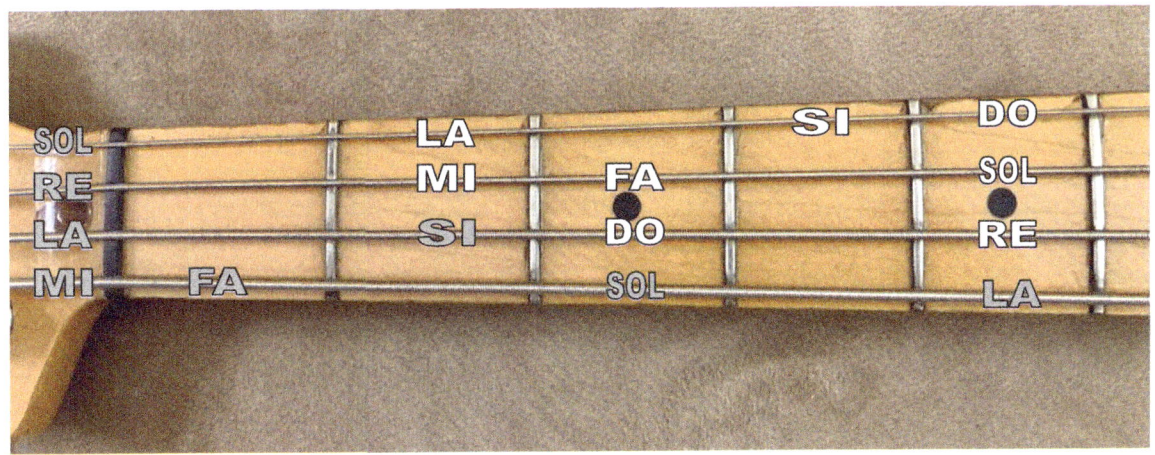

Figura 2

Nella figura 2 ho evidenziato le note fondamentali nei primi 5 tasti mettendo in risalto la scala maggiore di DO (note in bianco). La spiegazione di queste posizioni sarà trattata nei prossimi capitoli.

*Prendiamo dimestichezza con i rapporti puramente geometrici di quello che abbiamo visto sul pentagramma e facciamo riferimento all'esempio 13: gli accordi maggiori, 1° 4° e 5° grado sono DO Maggiore, FA Maggiore e SOL Maggiore e le loro toniche sono DO, FA, e SOL. Sulla tastiera il DO si trova sulla seconda corda al terzo tasto, il FA sulla terza corda al terzo tasto e il SOL sulla terza corda al quinto tasto. Sulla tastiera il FA è sotto al DO (nella fotografia il FA è sopra al DO, **ma da adesso in poi per fare i riferimenti sulla tastiera del basso utilizzerò la prospettiva visiva con il basso a tracolla**) quindi indossando il basso ho la prima corda su in alto che è la corda del MI, in seconda corda al terzo tasto ho il DO e il FA è immediatamente sotto al DO. Il SOL si trova due tasti a destra del FA, praticamente un tono più avanti.*

Geometricamente e graficamente la posizione di DO FA e SOL la troviamo nella figura 3 qui sotto e la possiamo riscontrare guardando la testiera in figura 2 e confrontandola con le note sulla tastiera con il basso a tracolla:

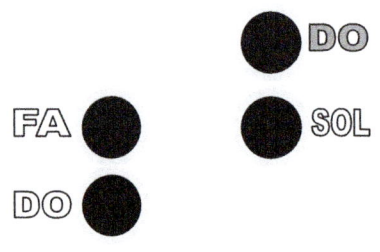

Figura 3

In figura 3 il DO in grigio si trova all'ottava successiva rispetto a quello in seconda corda 3° tasto, esattamente come tutte le ottave sul basso si trovano sempre due corde sotto e due tasti a destra.

Indizio 3   La distanza, l'intervallo tra l'accordo maggiore al 4° grado e quello maggiore al 5° grado è di un tono, 2 tasti;

Indizio 4   dei 3 accordi minori all'interno della tonalità maggiore ne troviamo 2 distanti tra loro un tono, quello tra il 2° e 3°

Indizio 5   il terzo accordo minore si trova al sesto grado ed è in mezzo a due accordi entrambi distanti un tono. A sinistra troviamo l'accordo maggiore al 5° grado e a destra l'accordo diminuito al 7° grado;

Indizio 6   L'accordo diminuito si trova unicamente al 7° grado ma questo non è un indizio bensì un'indicazione univoca e ben precisa. L'accordo è presente una sola volta all'interno della tonalità essendo un 7° grado, un semitono più avanti troviamo la tonica della tonalità. Dato perciò un accordo diminuito se ci spostiamo di un semitono in avanti della sua tonica troviamo la nota che dà il nome alla tonalità generale.

I centri tonali

Abbiamo così ricavato e dimostrato la prima regola. Fondamento di questo manuale è che dobbiamo essere in grado di dimostrare i meccanismi senza imparare nulla a memoria (in realtà imparando molto poco a memoria). *La conoscenza della sequenza della tipologia degli accordi assieme alle distanze in toni o semitoni tra i 7 gradi della tonalità rappresentano il totale degli indizi che ci servono per calcolare i centri tonali ovvero le tonalità delle composizioni musicali che andiamo a suonare.*

*Facciamo qualche esempio: gli accordi del brano "Pregherò" (Don Backy, King, Glick) portato al successo da Adriano Celentano sono: DO LA- FA SOL DO (LA- è la semplificazione schematica dell'accordo LA minore). Il 1° accordo è DO maggiore per cui utilizzando l'**indizio 1** nella tonalità maggiore l'accordo maggiore si presenterà al 1° al 4° e al 5° grado. Ipotizziamo che questo DO potrebbe essere il 1° grado della tonalità di DO maggiore. Le alternative sono che posso considerare questo DO come un 4° grado del SOL o 5° del FA. È davvero così? Se il DO Maggiore fosse un 4° grado del SOL dal DO dovrei andare indietro di 4 gradi:*

        DO   4° grado
        SI   3° grado
        LA   2° grado
        SOL   1° grado;

oppure questo DO maggiore potrebbe essere il 5° grado della tonalità di FA maggiore, dal DO vado indietro di 5 gradi:

        DO   5° grado
        SI   4° grado
        LA   3° grado
        SOL   2° grado
        FA   1° grado

*Procediamo con il DO maggiore come fosse il 1° grado del DO maggiore. Il 2° accordo è LA minore. L'**indizio 4** ci dice che l'accordo minore nella tonalità maggiore si presenta al 2° 3° e 6° grado. Abbiamo appena ipotizzato l'interpretazione del primo accordo di DO come 1° grado della tonalità di DO maggiore e notiamo che il LA minore occupa esattamente il 6° grado. Dal LA vado indietro di 6 gradi:*

LA	6° grado
SOL	5° grado
FA	4° grado
MI	3° grado
RE	2° grado
DO	1° grado

Secondo i primi due accordi posso supporre che appartengano entrambi alla tonalità di DO maggiore, DO maggiore come primo grado e LA minore come 6° grado. Gli accordi successivi sono FA e SOL quindi siamo sulla strada giusta perché il FA è il 4° grado di DO. Dal FA vado indietro di 4 gradi:

FA	4° grado
MI	3° grado
RE	2° grado
DO	1° grado

ed il SOL è il 5° grado sempre di DO. Dal SOL vado indietro di 5 gradi:

SOL	5° grado
FA	4° grado
MI	3° grado
RE	2° grado
DO	1° grado

La conclusione è evidente: il brano si svolge tutto in tonalità di DO maggiore pertanto melodia, accompagnamento, assoli ed eventuale improvvisazione si svolgeranno **essenzialmente** eseguendo la scala di DO maggiore.

Facciamo un altro esempio: "Piero e Cinzia" di Antonello Venditti (DO SOL LA- FA). Gli accordi sono simili per cui ipotizziamo che il primo accordo maggiore sia il 1° grado della tonalità quindi il DO come 1° grado della Tonalità di DO maggiore, il secondo accordo sia un SOL che potrebbe essere il 5° grado del DO, il LA- è il 6° grado del DO ed il FA è sempre il 4° grado del DO. Anche questo brano si svolge in ambito della tonalità di DO maggiore.

Proseguiamo con "La canzone del sole" di Lucio Battisti (RE LA SOL LA). La prima cosa che salta all'occhio è che tutti gli accordi sono maggiori. Seguendo gli indizi 1, 2 e 3 sappiamo che gli accordi maggiori si presentano al 1° 4° e 5° grado della tonalità ci accorgiamo che il SOL ed il LA sono distanti tra loro un tono. L'indizio 3 ricorda che all'interno della tonalità maggiore esiste solo una sequenza di due accordi maggiori distanti tra loro un tono, quella tra il 4° ed il 5° grado. Mettendo in piedi questa ipotesi se il SOL fosse un 4° grado e il LA un 5°, dovrei andare indietro di 4 gradi dal SOL:

SOL	4° grado
FA	3° grado
MI	2° grado
RE	1° grado

il 1° grado è il RE che in effetti coincide con il primo accordo della canzone. Il brano, perciò, si svolge tutto in tonalità di RE maggiore: il RE come 1° grado, il LA come 5° grado ed il SOL come 4° grado.

A questo punto seguendo i 6 indizi possibili abbiamo tutti gli strumenti per analizzare la maggior parte dei brani di musica leggera. Calcolando i centri tonali siamo in grado di capire quali scale dobbiamo usare sulle musiche che incontreremo **perché dobbiamo suonare sulle scale delle tonalità che avremo calcolato.**

L'indizio ricorrente è quello degli accordi maggiori che si trovano al 1° 4° e 5° grado della tonalità maggiore. L'indizio utile è quello degli accordi minori che si trovano al 2° 3° e 6° grado della tonalità. Altro buon indizio è l'eventualità di trovare due accordi minori distanti tra loro un tono, ad esempio, LA- SI- oppure RE- e MI-. Nella tonalità maggiore invece la sequenza di due accordi minori distanti tra di loro un tono si trova solo al 2° e 3° grado, quindi nell'esempio di LA- SI-, dal LA vado indietro di 1 grado:

        LA   2° grado

        SOL   1° grado

la tonalità è SOL maggiore.

Nell'esempio RE- e MI-, dal RE vado indietro di 1 grado:

        RE   2° grado

        DO   1° grado

la tonalità è DO maggiore.

Se troviamo un accordo diminuito, come nell'indizio 6, ci troviamo di fronte ad una certezza e ad un'indicazione ben precisa per cui andando avanti di mezzo tono troviamo la tonalità.

Nel calcolo dei centri tonali, con un po' di esperienza, possiamo accorgerci quando siamo di fronte ad **un cambio di tonalità.**

Il calcolo delle settime

Abbiamo fatto già un bel percorso, studiato la tonalità maggiore, gli accordi nati dai singoli gradi della scala, visto quanto sono distanti tra loro i gradi e quanto sono distanti tra loro gli accordi, e abbiamo utilizzato degli indizi per riconoscere i centri tonali.

Facciamo ora un passo in avanti per comprendere meglio la tonalità maggiore, ampliamo la costruzione degli accordi aggiungendo un'ulteriore terza sopra la quinta, ricaveremo così le settime degli accordi. Questi ultimi con l'aggiunta della settima si arricchiscono di suoni, colori e tensioni ma soprattutto forniscono ulteriori indizi per individuare le tonalità.

Partiamo dalla tonalità di DO maggiore con gli accordi costruiti con primo, terzo e quinto grado:

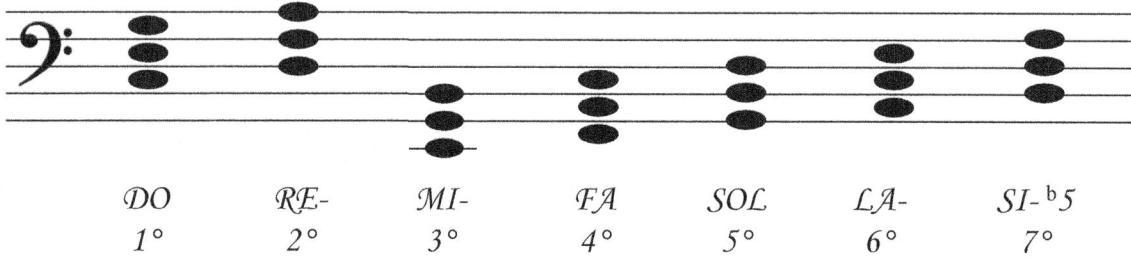

Andiamo a posizionare un'altra terza con il gioco delle terze

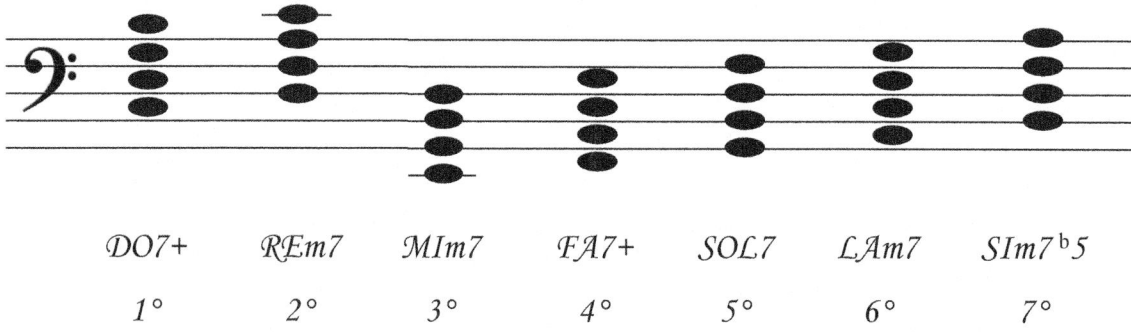

Ecco le settime sul nome degli accordi, andiamo alla dimostrazione:

La quinta può essere di 3 tipi: giusta, diminuita o aumentata. Giusta se dista 7 semitoni dalla tonica, diminuita se la si abbassa di un semitono e aumentata se la si aumenta di un semitono. Nella tonalità maggiore esistono 6 quinte giuste mentre al 7° grado si trova la quinta diminuita. La quinta aumentata la troveremo più avanti studiando la tonalità minore melodica.

Di Settime ne esistono di 2 tipi: maggiore o minore:

- *La **settima maggiore** dista 11 semitoni dalla tonica*
- *La **settima minore** dista 10 semitoni dalla tonica*

Osservandola la settima dall'ottava superiore il calcolo appare più semplice:

*Se dall'ottava scendiamo di un semitono otteniamo la **settima maggiore**, se scendiamo di due semitoni otteniamo la **settima minore**.*

ESEMPI DI SETTIME:

la settima Maggiore del DO è il SI   in quanto scende di 1 semitono;
la settima Maggiore del SOL è il FA#   in quanto scende di 1 semitono;
la settima Maggiore del FA è il MI   in quanto scende di 1 semitono;
la settima Maggiore del RE è il DO#   in quanto scende di 1 semitono;

la settima minore del RE è il DO   in quanto scende di 2 semitoni;
la settima minore del MI è il RE   in quanto scende di 2 semitoni;
la settima minore del SOL è il FA   in quanto scende di 2 semitoni;
la settima minore del LA è il SOL   in quanto scende di 2 semitoni;
la settima minore del DO è il SI♭   in quanto scende di 2 semitoni;

*Si sottintende come **accordo di settima un accordo, maggiore o minore, dove la settima è minore**. Secondo la dicitura inglese ogni volta che vediamo un accordo con le sigle alfanumeriche, ad esempio tipo G7, vuol dire che parliamo di SOL maggiore con la settima minore. Secondo quanto appena descritto, leggendo la sigla dell'accordo sono in grado di identificare immediatamente la nota della Settima. In sostanza se dalla sigla dell'accordo mi abbasso di due semitoni otterrò la settima, ad esempio per il SOL7 la Settima è FA, per il DO7 la settima è il SI♭.*

Gli accordi con la settima maggiore si indicano nelle maniere seguenti, nel caso di DO (C): C7+, C Maj7, C Major7 o C△. Nel DO maggiore con la Settima maggiore la settima è il SI perché dalla tonica devo scendere di un semitono. F7+ indica un accordo di FA maggiore con la Settima maggiore dove la settima è appunto Mi.

Posizionando un'altra terza dopo la quinta andiamo a vedere come si modificano gli accordi con le settime:

*1° grado   **DO MI SOL SI***

*terza Maggiore, quinta giusta e 7° Maggiore   accordo di **DO MAGGIORE 7+***

*2° grado   **RE FA LA DO***

*terza Minore, quinta giusta e 7° minore   accordo di **RE minore 7***

*3° grado   **MI SOL SI RE***

*terza Minore, quinta giusta e 7° minore   accordo di **MI minore 7***

*4° grado   **FA LA DO MI***

*terza Maggiore, quinta giusta e 7° Maggiore   accordo di **FA MAGGIORE 7+****

5° grado   SOL SI RE FA

terza Maggiore, quinta giusta e 7° minore   *accordo di* **SOL MAGGIORE 7**

6° grado   LA DO MI SOL

terza Minore, quinta giusta e 7° minore   *accordo di* **LA minore 7**

7° grado)   SI RE FA LA

terza Minore, quinta diminuita e 7° minore   *accordo di* **SI m 7** $^\flat$**5 (*semidiminuito*)**

La nostra seconda regola

sequenza di accordi con le settime

Visti gli esempi che abbiamo fatto con gli accordi precedenti risulterà evidente che nelle altre tonalità troveremo le stessa sequenze della tipologia delle settime. Ecco allora un'altra regola che produrrà indizi utili alla scoperta dei centri tonali.

La sequenza degli accordi della tonalità maggiore comprendendo la Settima oltre la Tonica, la Terza e la Quinta, è la seguente:

1) L'accordo che nasce sul 1° grado è   **MAGGIORE 7+**
2) L'accordo che nasce sul 2° grado è   **minore 7**
3) L'accordo che nasce sul 3° grado è   **minore 7**
4) L'accordo che nasce sul 4° grado è   **MAGGIORE 7+**
5) L'accordo che nasce sul 5° grado è   **MAGGIORE 7**
6) L'accordo che nasce sul 6° grado è   **minore 7**
7) L'accordo che nasce sul 7° grado è   **semidiminuito**

Espressa la seconda regola generale ora ne facciamo l'analisi:

- ci sono 2 accordi Maggiori 7+
- c'è 1 accordo Maggiore 7
- ci sono 3 accordi minori 7 minore
- c'è un solo accordo semidiminuito

Alla ricerca di indizi

(parte 2)

Abbiamo iniziato il percorso per la ricerca ed il calcolo delle tonalità in base agli accordi nati dalle 3 terze fondamentali ed abbiamo elaborando utili indizi. L'analisi della settima ce ne fornirà di ulteriori:

Indizio 7   *Gli accordi maggiori con la 7+ all'interno della tonalità maggiore sono 2 e ricoprono il 1° ed il 4° grado;*

Indizio 8   *L'intervallo tra i due accordi maggiori 7+ è di una quarta giusta;*

Indizio 9   *Il terzo accordo maggiore, quello del 5° grado, ha la settima minore. Nella tonalità maggiore questo accordo si presenta solo una volta, esattamente come all'indizio 6, in presenza di un accordo univoco all'interno della tonalità, l'indizio si trasforma direttamente in indicazione ben precisa. In presenza di un accordo maggiore 7, l'accordo può essere unicamente un 5° grado della tonalità maggiore, la tonalità sarà quella del suo primo grado. Andiamo indietro di 5 gradi compreso l'accordo in esame ed identifichiamo la tonalità. L'accordo maggiore 7 è un SOL7? La tonalità sarà DO maggiore.*

Indizio 10   *I 3 accordi minori all'interno della tonalità maggiore che abbiamo visto che sono al 2°, 3° e 6° grado hanno tutti la settima minore, anticipo così che se troviamo un accordo minore con la settima maggiore si tratta di un accordo facente parte della Tonalità minore Melodica che studieremo successivamente;*

(l'accordo minore con la settima maggiore è presente anche nella tonalità minore armonica e si presenta al primo grado di quella tonalità ma ho scelto di non affrontare l'argomento, una volta che avrai studiato la tonalità minore

melodica su questo manuale avrai capito il metodo e così potrai ricavarti gli accordi di questa tonalità in piena autonomia)

Indizio 11   L'accordo semidiminuito che si trova unicamente al 7° grado, è una indicazione e ben precisa, la Settima di questo accordo ha la settima minore.

In 11 indizi sono raccolti tutti gli strumenti utili e necessari per poter calcolare i nostri centri tonali in particolar modo della musica leggera. Per poter fare le prime esperienze di improvvisazione senza aver la preoccupazione di quali note utilizzare è fondamentale prendere dimestichezza con questi calcoli.

Esercitiamoci a calcolare i centri tonali analizzando gli spartiti delle canzoni con gli accordi scritti sotto il pentagramma. Sarà utile ricordare che una tonalità può rimanere invariata per tutta una canzone oppure cambiare ad ogni cambio di accordo come succede ad esempio nel Blues (il Blues classico è formato da accordi di Dominante, maggiori con la settima minore).

Buona musica.

L'ALTRO MANUALE DI BASSO

PARTE 2

Facciamo scendere la scala maggiore sulla tastiera del basso

Inizia ora la seconda parte di questo manuale.

L'intento di questo manuale è quello di aiutarci a comprendere con facilità ed immediatezza scale, accordi e tonalità, utilizzeremo la logica e non la memoria per poter finalmente sapere quali note possiamo utilizzare su una base musicale per fare una linea di accompagnamento o su un'improvvisazione solistica. Finora abbiamo affrontato la parte teorica e adesso è arrivato il momento della pratica mettendo finalmente il basso a tracolla.

Nell'approccio ad una base musicale ci sono tre fasi che ci permetteranno di suonare una linea di accompagnamento o un assolo. Eccole nel dettaglio:

a) *Analisi degli accordi*
b) *Calcolo del o dei centri tonali*
c) *Visualizzazione su tutta la tastiera delle scale da usare*

a) Analisi degli accordi

In presenza di una base musicale procediamo ad analizzare tutti gli accordi con curiosità e fantasia. Una tonalità può durare tutta una canzone, tutta una strofa per cambiare sul ritornello, ma può durare anche per la durata di un solo accodo come a volte succede nel blues o nel jazz.

b) Calcolo dei centri tonali

Abbiamo visto come si fa a calcolare la tonalità di una sequenza di accordi e ora cerchiamo di capirne la tecnica. Utilizziamo per semplicità la musica leggera che usualmente si svolge nell'ambito della tonalità maggiore: analizzeremo accordo per accordo utilizzando tutti gli indizi a disposizione. Il primo accordo offrirà una rosa di possibilità che metteremo a confronto con le possibilità degli accordi successivi.

Nella tonalità maggiore ci sono 4 tipologie di accordi e sono:
- Maggiori 7+ (con la settima maggiore)
- Maggiori 7 (con la settima minore)
- minori 7 (con la settima minore)
- Semidiminuiti (terza minore, quinta diminuita e settima minore)

Questi accordi all'interno della tonalità maggiore si presentano in un numero ben definito, ovvero:

-	**Maggiori 7+**	2 volte	al 1° e 4° grado
-	**Maggiori 7**	1 volta	al 5° grado
-	**minori 7**	3 volte	al 2°, al 3° e al 6° grado
-	**Semidiminuiti**	1 volta	al 7° grado

Ricordiamo che se l'accordo che stiamo analizzando è maggiore 7 o semidiminuito, ci troviamo di fronte ad una indicazione certa sulla tonalità perché si presentano una sola volta. Nel caso del maggiore 7 sappiamo che è un 5° grado per cui se l'accordo di settima sarà un SOL andremo indietro di 5 gradi:

        5°   SOL
        4°   FA
        3°   MI
        2°   RE
        1°   DO

Il 1° grado da l'indicazione della tonalità e quindi inequivocabilmente SOL7 è tonalità di DO.

Nel caso dell'accordo semidiminuito sappiamo che si trova solamente al 7° grado della tonalità maggiore, e quindi se l'accordo semidiminuito fosse un MI ci sposteremo di un semitono in avanti arrivando al grado 8° che è lo stesso del 1°:

       7° MI
       8° FA
       1° FA.

La tonalità è il FA maggiore.

Se durante l'analisi degli accordi non ci troviamo in queste due tipologie dobbiamo andare a vedere quali sono gli accordi intorno come spiegato già nell'**analisi orizzontale**. Essi probabilmente faranno parte della stessa tonalità per cui bisogna fare attenzione a quando arriva il cambio della tonalità come nel voltapagina artistico, nella strofa, nel ritornello o all'arrivo del bridge.

Nel caso in cui l'accordo sia un maggiore 7+, nella tonalità maggiore lo troviamo al 1° ed al 4°grado; qualora l'accordo fosse un RE7+ lo possiamo interpretare come un 1° grado di RE maggiore. Nel caso volessimo interpretarlo come 4° grado dovremmo andare indietro di 4 gradi:

       4° RE
       3° DO
       2° SI
       1° LA

L'accordo di RE7+ potrebbe essere quindi il 4° grado del LA maggiore.

Quando facciamo i conteggi dei gradi dobbiamo muoverci sempre all'interno della successione dei 7 suoni fondamentali a prescindere dal fatto che siano diesis o bemolle ovvero un grado non si presenta mai 2 volte nella stessa scala. La scala maggiore, minore naturale o melodica sono scale Diatoniche che si muovono sempre sui 7 suoni fondamentali che coincidono con i gradi e con le note. Non succederà mai che un suono fondamentale (o una nota) di una scala Diatonica si presenti due volte all'interno della stessa scala. Se il grado di una scala è un DO e il suono successivo sarà al semitono successivo, quel grado non si chiamerà DO#, bensì RE♭. Se il grado di una scala è un RE#, e dovrò addizionarci un tono quella nota si chiamerà MI# anche se sulla tastiera quel tasto lo vedrò come un FA,

Fino ad ora la nostra analisi si è avvalsa dell'ausilio delle terze sino alla settima. Con l'aggiunta di ulteriori terze avremmo dovuto considerare none, undicesime, tredicesime e negli accordi sarebbero comparsi doppi bemolli e doppi diesis.

Analizziamo il primo accordo di un brano musicale e annotiamo le nostre valutazioni, poi passeremo agli accordi successivi per poi confrontare tutte le ipotesi possibili. Se un'ipotesi coincide con la precedente ci troveremo di fronte ad una molto probabile soluzione (generalmente al 3° accordo avremo la certezza del risultato), se invece accade il contrario è possibile che siamo di fronte ad una modulazione, un cambio di tonalità.

Ad esempio, un LA-7, lo possiamo interpretare come 2°, come 3° o come 6° grado della tonalità Maggiore.

SE fosse un 2° grado: 2°   LA
                              1°   SOL

la tonalità sarebbe SOL maggiore.

Se fosse un 3° grado: 3°   LA
                              2°   SOL
                              1°   FA

la tonalità sarebbe FA maggiore:

Se fosse un 6° grado   6°   LA
                              5°   SOL
                              4°   FA
                              3°   MI
                              2°   RE
                              1°   DO

la tonalità sarebbe DO maggiore.

Facciamo un altro esempio, utilizziamo la sequenza più usata nel jazz, utilizziamo una sequenza 2 – 5 – 1:

RE-7 - SOL7 - DO7+

il RE-7 lo possiamo interpretare come 2° grado di DO, come 3° del SIb o come 6° grado del FA. In questo caso gli indizi portano alla considerazione che la soluzione potrebbe essere la tonalità di DO, SIb o FA.

Se il secondo accordo è SOL7, l'indizio 9 ci dice che l'accordo maggiore con la settima minore compare una sola volta nella tonalità maggiore e ricopre il 5° grado: questo corrisponde ad una indicazione ben precisa perché se il SOL al 5° grado trova al 1° grado il DO la tonalità risultante sarà quella del DO maggiore. Infine, con il 3° accordo abbiamo un'ulteriore conferma: il DO7+ che nelle sue possibilità può essere il 1° grado di DO maggiore o il 4° grado di SOL maggiore. Facciamo l'analisi finale:

N°	ACCORDO	POSSIBILITA' di TONALITA'
1°	RE-7	DO – SIb – FA
2°	SOL7	DO
3°	DO7+	DO – SOL

Analizzando le 3 possibilità nello specchietto, la tonalità di DO maggiore mette d'accordo tutte le ipotesi dei 3 accordi. Potremo quindi determinare con certezza che il RE-7 sarà il 2° grado del DO maggiore, il SOL7 univocamente come 5° grado del DO, e il DO7+ come 1° grado del DO. È evidente che questi 3 accordi si svolgono all'interno della Tonalità del DO maggiore.

È arrivato il momento di mettere le mani sul basso.

c) *Visualizzazione su tutta la tastiera della scala maggiore*

Nell'esempio della pagina precedente, il risultato della sequenza appariva già nel nome: 2-5-1 della tonalità dove 2 sta per 2° grado, 5 per 5° grado e 1 per 1° grado che è quello che dà il nome alla tonalità (se 1 è DO e la tonalità sarà di DO maggiore).

Infine, sulla tastiera del basso visualizziamo la scala della tonalità che abbiamo calcolato. Da qui in poi questo manuale mostrerà le scale su tutta la tastiera e con tutte le diteggiature disponibili e proseguirà con schemi grafici e riferimenti geometrici.

Iniziamo a suonare sulla scala maggiore

Fatta la teoria scendiamo nella pratica. Inquadrando il codice QR con il telefono si aprirà una pagina di YouTube con una base musicale di una sequenza 2-5-1 in DO maggiore. Facciamo play, ascoltiamo la base respirandone il suono e giochiamo con la scala di DO maggiore sul basso. Per fraseggiare iniziamo a fare la scala dritta, ascendente e poi discendente, prendendo dimestichezza con le note e gustandole in relazione alla base. Ora lentamente stacchiamoci dalla mera esecuzione della scala per fare delle melodie mettendo all'opera il nostro gusto personale con decisione e divertimento. Le note della scala calcolate e visualizzate sulla tastiera le dobbiamo intendere come un'autostrada di tranquillità e, se alcune note risulteranno meno gradevoli di altre non importa purché siano coerenti. Ricordo sempre quello che dicevo a Ciro, un carissimo amico, un fratello: "E STAI INTONATO".

LINK 1

Nella Figura 2 a pagina 27 dal 2° tasto al 5°, ci sono le note in bianco che indicano la scala maggiore di DO. Notiamo anche che ci sono il SI il LA il SOL e il FA in grigio che sono contenute nella scala maggiore dell'ottava precedente.

Dedichiamo un dito della mano sinistra ad ogni tasto, partendo con l'indice sul 2° tasto, il medio sul 3°, l'anulare sul 4° ed il mignolo sul 5°. Questa impostazione della mano sinistra la chiameremo diteggiatura. Le diteggiature sono una delle poche cose che dovrai imparare totalmente a memoria e dovranno uscire dalla mano senza pensarci. Appresa la prima diteggiatura scopriremo quelle laterali fino a percorrere tutta la tastiera.

Questo studio ci aiuterà sicuramente a stimolare l'improvvisazione e la tecnica dello strumento perché ci divertiremo. Consiglio utile è quello di esercitarsi sulle scale utilizzando i video presenti nei QR Code perché suonare da soli risulterebbe noioso ma con l'ausilio di una base diventerà artistico e piano piano ci staccheremo dalla mera esecuzione della scala e inizieremo a deviare suonando frasi musicali compiute. A quel punto l'ascolto della base e dell'accordo non saranno più un investimento come accennavo nell'introduzione di questo manuale bensì un'onda da cavalcare con il fraseggio.

A seconda della preparazione scopriremo qual è la strada da percorrere sulla tastiera. Utilizzando ancora la sequenza 2-5-1 sulla scala Maggiore di DO scopriremo che alcune note suoneranno meglio di altre in funzione di quale accordo c'è sotto in quel momento. Facendo un accompagnamento, nel momento in cui passiamo dal RE-7 al SOL7 come note di collegamento ho a disposizione il MI e il FA, fraseggiando quando ci troveremo sul DO7+ dovessimo fermarci sulla nota SI saremo sulla sensibile del DO che è posizionata un semitono sotto al DO stesso, sentiremo la spinta di salire alla nota DO se ci troviamo su un registro basso perché tali note hanno la caratteristica di dare l'indicazione della tonica dell'accordo spostando l'armonia, il SI basso figurerebbe ostile alla tonica del DO7+ invece se suonassimo un SI acuto risulterebbe assai gradevole perché supportato dalla settima maggiore dell'accordo di DO7+, il SI risulterà come un abbellimento, un colore.

Toniche, terze e quinte (i gradi principali che compongono l'accordo) sono suoni comodi per sostare sugli accordi. Le none (che sono le seconde un'ottava sopra) e le seste colorano molto, le quarte sono un po' ostiche ma possono essere usate come note di passaggio, in particolar modo le settime se minori sono suoni che creano tensioni armoniche in attesa di una soluzione, quelle maggiori abbelliscono.

*Poniamo il caso che stiamo suonando su di un DO7+ come ultimo accordo della sequenza 2-5-1 e alla misura successiva riinizia la sequenza con il RE-7: vogliamo legare questi due accordi e trovandoci su una nota DO per arrivare al RE-7 sfruttiamo le possibilità che abbiamo a disposizione e decidiamo di passare per il DO#. Abbiamo appena fatto un **passaggio cromatico** e siamo andati al di fuori della scala maggiore che era in vigore in quel momento. La **scala cromatica** è una scala che propone tutti i 12 semitoni dell'ottava. Il DO ed il RE sono il 1° ed il 2° grado della scala di DO maggiore, in mezzo tra loro, c'è il DO # (o RE♭), una nota che sta al di fuori dalla scala ma questo passaggio lo interpreto come un **cromatismo** ed i cromatismi che derivano dalla scala cromatica sono belli gradevoli e l'orecchio umano li accetta favorevolmente. Se usati come introduzione alla nota di arrivo sono la prima possibilità per un musicista di usare note al di fuori della tonalità. Ribadisco la visione anglosassone del verbo TO PLAY: prendi basi musicali, applica le tre fasi descritte nel paragrafo precedente e GIOCA. Tutto verrà da solo.*

Scale modali e pentatoniche

Andiamo avanti con il pragmatismo. L'accordatura del basso elettrico è per quarte giuste, quindi tutte le corde si accordano al quinto tasto della corda precedente. Questa costante genera un parallelismo perfetto e fantastico. **Tutte le scale di tutte le tonalità si sviluppano con la stessa geometria a prescindere dalla tonalità e dal punto di partenza.**

Fatta la premessa trovo che sia indispensabile imparare perfettamente a memoria, praticamente ad occhi chiusi, una sola scala maggiore ma su tutta la tastiera del basso. Il consiglio è quello di imparare a memoria la scala maggiore di SOL dal primo all'ultimo tasto della tastiera: questo ci permetterà di acquisire automatismi e riferimenti senza stare a ragionare su dove andare con le dita della mano sinistra.

Basterà una settimana di studio e di pratica sulla scala maggiore su tutta la tastiera e avremo la possibilità di suonare anche su altre tonalità spostando semplicemente i riferimenti.

Nel caso dovessimo suonare su una scala maggiore di LA sarà sufficiente spostare tutto quello che abbiamo imparato di due semitoni verso destra e si ricollegheranno tutti gli automatismi. Nel caso dovessimo suonare su una scala maggiore di SI♭ sposteremo tutto quello che abbiamo studiato per la scala maggiore di SOL di tre semitoni e così via.

Imparare a memoria una scala maggiore su tutta la tastiera darà enormi vantaggi sulla conoscenza e l'utilizzo di tutte le scale Modali. **Le scale modali nascono su ogni grado della tonalità esattamente come da ogni grado nasce un accordo.** *La sequenza degli accordi maggiori e minori della tonalità è la stessa della sequenza delle caratteristiche maggiori o minori delle scale modali. Le scale modali condividono con gli accordi della scala maggiore le note delle toniche, delle terze, delle quinte e delle settime. Le note rimanenti, le none, le quarte e le seste, sono sempre all'interno della scala maggiore madre ma sono diverse a seconda del modo. I modi cosa sono? Come si chiamano? Come sono formati?*

Esempio dei modi della scala maggiore di DO:

- *MODO IONICO*   *scala con 3° Maggiore*   *note dal DO al DO*
- *MODO DORICO*   *scala con 3° minore*   *note dal RE al RE*
- *MODO FRIGIO*   *scala con 3° minore*   *note dal MI al MI*
- *MODO LIDIO*   *scala con 3° Maggiore*   *note dal FA al FA*
- *MODO MISOLIDIO*   *scala con 3° Maggiore*   *note dal SOL al SOL*
- *MODO EOLIO*   *scala con 3° minore*   *note dal LA al LA*
- *MODO LOCRIO*   *scala con 3° minore. 5° diminuita* *note dal SI al SI*

Ognuna delle scale modali ha un sapore differente e ogni scala modale dà un colore differente. Come si nota nello specchietto sopra, il modo ionico coincide con la scala maggiore dal DO al DO successivo. Gli altri 2 modi maggiori, il 4° ed il 5°, esattamente come gli accordi maggiori della tonalità, hanno sì la 3° maggiore e la quinta giusta, ma differiscono per la 9°, la 6° e la settima. Anche i modi minori, il 2°, il 3° ed il 6° ovviamente hanno la 3° minore, la quinta giusta e la settima minore ma differiscono per il resto delle note. Sette note, sette accordi, sette scali modali con sette sapori differenti.

I vantaggi di cui accennavo prima sono che non impareremo le sette scale modali in maniera separata e assoluta (sarebbe difficoltoso imparare le sette scale per tutte le tonalità possibili) ma ricaveremo le scale modali dalle diteggiature differenti dell'unica scala maggiore che avremo studiato.

Ti sottopongo questa semplificazione con un avviso: Un altro mio carissimo amico diplomato in pianoforte in virtù dei sapori differenti delle scale modali, in soli 20" mi ha fatto la lezione di musica tra le più importanti della mia vita dicendo:

"la scale maggiori sono felicità, le scale minori sono tristezza e sofferenza"

Quando facevo i miei studi armonici ho studiato la scala di SOL maggiore su tutta la tastiera in tutte le diteggiature per cui senza che me ne sia accorto mi sono imparato che:

- *dal SOL al SOL con diteggiatura in prima posizione partendo con il dito medio abbiamo il modo **ionico**;*
- *dal LA al LA con diteggiatura in seconda posizione abbiamo il modo **dorico**;*
- *con diteggiatura in terza posizione, partendo con l'indice dal SI al SI, il modo **frigio**;*
- *se parti con il dito medio in terza posizione dal DO al DO il modo **lidio**;*
- *in quarta posizione dal RE al RE il modo **misolidio**;*
- *in quinta posizione dal MI al MI il modo **eolio**;*
- *ritornando in prima posizione, partendo con l'indice dal FA# al FA# il modo **locrio**.*

Commettevo l'errore di suonare con tutte quelle diteggiature con l'intenzione di fare un'unica grande scala maggiore. Suonando invece sugli accordi minori avrei dovuto eseguire le scale minori interpretando la malinconia e tristezza dovuta. Non facevo errori di note ma di intenzione perché la prospettiva doveva essere differente.

Nel prossimo capitolo inizieremo a scendere sulla tastiera del basso esaminando passo passo la scala maggiore su tutta la tastiera con tutte le diteggiature e tutti i modi.

Le pentatoniche sono le riduzioni dei modi della tonalità maggiore in 5 suoni. Si dividono in pentatoniche maggiori e pentatoniche minori. Per sottrazione delle scale modali nelle pentatoniche maggiori si suonano la tonica, la seconda, la terza, la quinta e sesta. Per quelle minori si suonano la tonica, la terza, la quarta, la quinta e la settima che è sempre minore.

A livello pratico nelle pentatoniche c'è la semplificazione che nelle scale si suonano meno note. Noi bassisti però abbiamo l'esigenza di accompagnare armonicamente i passaggi tra gli accordi e quindi per noi risultano utili tutti i sette suoni della scala della maggiore in gioco. Dopo le pentatoniche andremo ad analizzare la scala maggiore su tutta la tastiera.

Alla scoperta della tastiera

Segui questo manuale e a breve ti esorterò a dedicare molto tempo allo studio della scala maggiore di SOL, con un ulteriore piccolo sforzo avremo dimestichezza con tutti i modi.

Ricordiamoci che le distanze della sequenza dei 7 suoni fondamentali della scala maggiore sono:

$$T - T - \tfrac{1}{2}T - T - T - T - \tfrac{1}{2}T$$

il SOL maggiore, come già visto, ha come unica alterazione in chiave il 7° grado che è un diesis in FA, quindi FA#.

Iniziamo con gli esempi e le considerazioni sulla tastiera, per noi i riferimenti sulla tastiera sono sempre espressi in funzione della prospettiva della tastiera con il basso a tracolla:

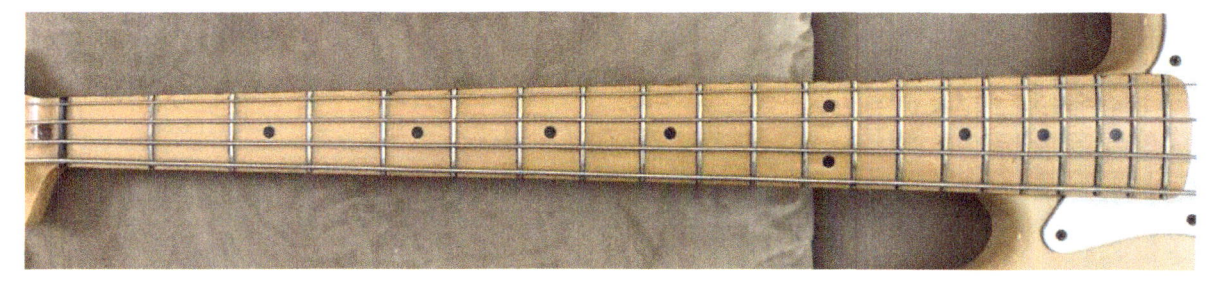

Figura 4

Nella figura 4 è visualizzata tutta la tastiera di un basso a 4 corde, per mia abitudine, indico come prima corda quella più grande, quella che quando indossi il basso è la più vicina, dall'alto verso il basso le corde a vuoto sono: MI, LA RE e infine, la quarta il SOL.

*Al 12° tasto, contrassegnato da 2 pallini, si ripresenta il suono della corda a vuoto un'ottava sopra, in fisica un suono all'ottava vuol dire alla frequenza doppia della fondamentale in considerazione, se parliamo di un LA a 440Hz troviamo il LA all'ottava superiore è a 880Hz e così via. Ogni tasto coincide ad un passaggio di semitono, dalla corda a vuoto al 12° tasto ci sono i 12 tasti che corrispondono ai 12 semitoni che compongono l'ottava. Il 12° tasto corrisponde inoltre alla metà geometrica che c'è tra il **capo tasto** (il punto dove appoggiano le corde lato chiavette di accordatura) ed* il **Ponte** (il meccanismo metallico sulla destra dove si appoggiano le corde sul lato opposto alle chiavette). Ci sono pallini di riferimento al 3°, 5°, 7° e 9° tasto.

Fatte queste premesse dividiamo la tastiera in 2 parti, i primi 5 tasti, e i tasti dal 5° al 12°, dopo il 12° tasto si ripresenta la sequenza di note che troviamo dalle corde a vuoto in poi.

i primi 5 tasti

Ora vediamo dove sono le famose note DO-RE-MI-FA-SOL-LA-SI-DO sulla tastiera del basso nei primi 5 tasti (tutti i tasti bianchi del pianoforte).

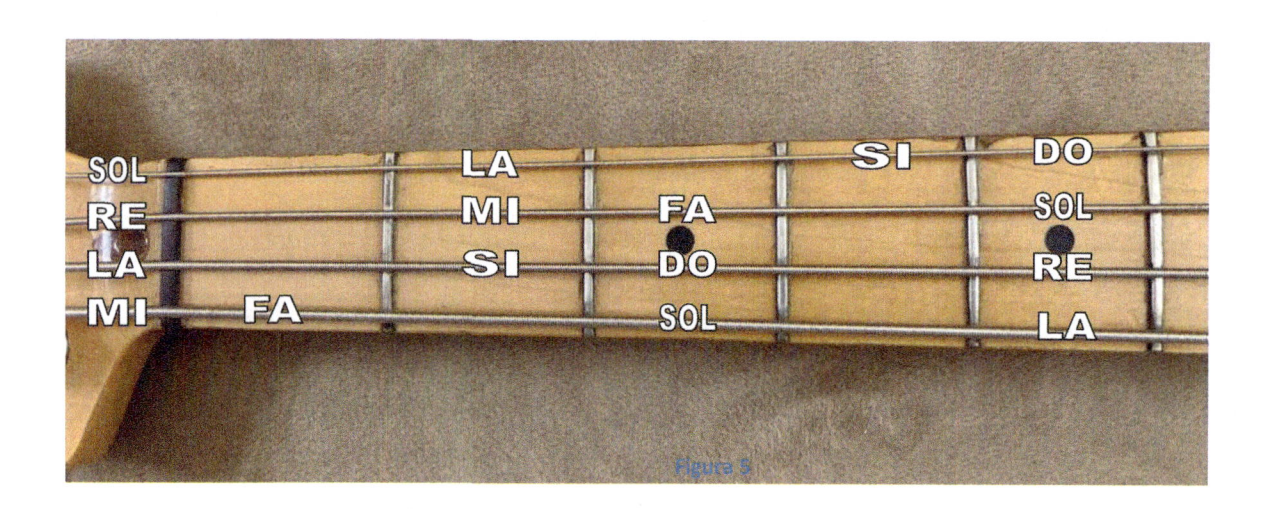

Figura 5

In figura 5 abbiamo la visualizzazione delle note senza alterazioni. Sulla sinistra ci sono le note delle corde a vuoto, dal basso: MI, LA, RE, SOL e sulla destra ci sono le altre.

Facciamo delle considerazioni:

- **Accordatura:** Quando si accorda generalmente si inizia dalla corda del LA utilizzando un diapason, una tastiera elettronica o quant'altro. Poi si accorda la corda del MI spingendo la prima corda al 5° tasto ottenendo il LA che coincide con il LA a vuoto nella seconda corda. Al 5° tasto della seconda corda c'è il RE che corrisponde alla corda a vuoto della corda successiva e così via fino alla corda del SOL.

- **Salto d'ottava:** Ogni nota si presenta un'ottava sopra andando 2 tasti a destra e due corde in basso (prospettiva con il basso a tracolla).

DAL 5° AL 12° TASTO

Qui in figura 6 troviamo le note senza alterazioni dal 5° tasto al 12° della tastiera.

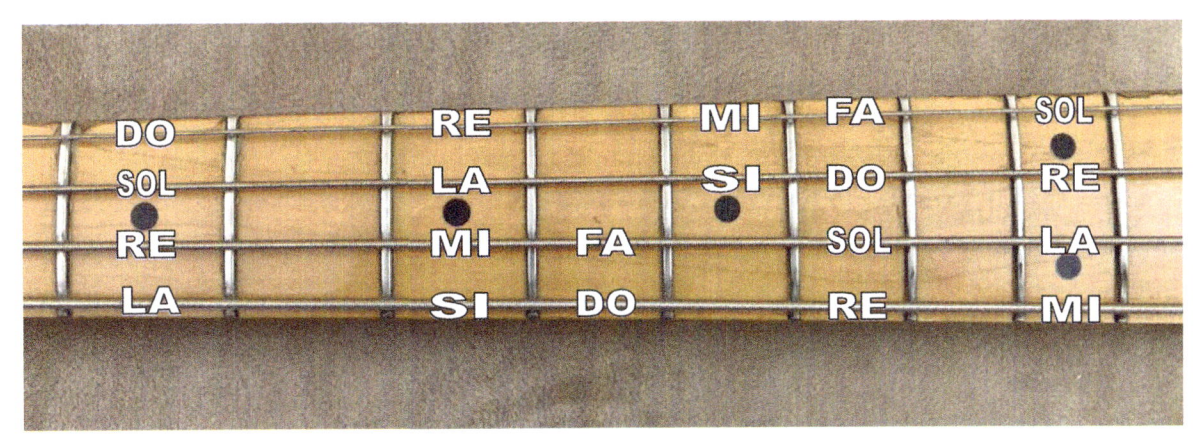

Figura 6

Al 12° tasto ritroviamo MI-LA-RE-SOL che sono le stesse note delle corde a vuoto, di lì in poi si ripetono tutte le note che si hanno in testa: il 13° tasto corrisponde al primo, il 14° al secondo e così via. La sequenza dei pallini neri sulla tastiera semplifica la visualizzazione con riferimenti veloci e certi.

la scala maggiore di DO sul basso

Dalla figura 5 facciamo una riduzione e ne ricaviamo la scala maggiore di DO, in figura 7 vediamo il risultato.

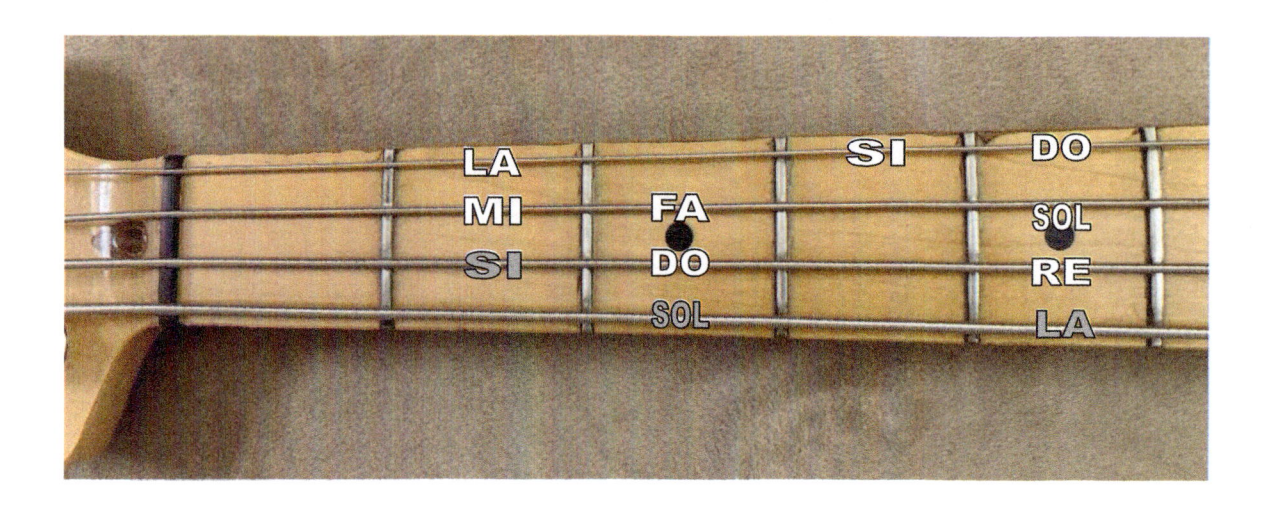

Figura 7

Osserviamo la figura 7 e facciamo delle considerazioni grafiche geometriche:

- **L'ottava:** *Ribadiamo che il DO dell'ottava successiva si trova come tutte le ottave 2 tasti a destra e 2 corde in basso (prospettiva basso a tracolla);*

- **La seconda:** *La seconda giusta del DO è il RE e si trova 2 tasti a destra del DO in 2° corda;*

- **La terza:** *Il MI è la 3° maggiore del DO, e si trova un tasto a sinistra e una corda sotto;*

- **La quarta:** *Il FA è la quarta giusta del DO, si trova sullo stesso tasto una corda sotto;*

- *La quinta:*   *Il SOL, è la quinta del DO, si trova alla corda sopra allo stesso tasto e anche a 2 tasti a destra e una corda sotto;*
- *La sesta:*   *Il LA è la sesta maggiore del DO, e si trova 2 semitoni più avanti della 5° giusta, sulla tastiera del basso si trova 2 corde sotto un tasto a sinistra;*

- *La settima:*   *Il SI è la settima maggiore e dista 11 semitoni dalla tonica, ovvero un'ottava sopra e un tasto indietro, sulla tastiera si trova a un tasto a destra due corde sotto. Sul DO seconda corda 3° tasto la settima un'ottava sotto me la trovo semplicemente un tasto prima del DO.*

ESERCIZIO: Scala maggiore su un'ottava completa

LINK 2 — Il link 2 porta ad una pagina YouTube con una base musicale completa di piano, batteria e chitarra che suona per 4 minuti un DO maggiore.

Anche se questo manuale non vuole affrontare tecnica strumentistica è opportuno assumere la posizione corretta della mano sinistra.

Il palmo è rivolto verso l'alto, le dita salgono in verticale, il polpastrello del pollice si rivolge verso il polpastrello dell'indice. La tastiera del basso attraversa il passaggio tra pollice e indice. Osserviamo la figura 7 e dedichiamo un dito per ogni tasto, l'indice per il 2° tasto, il medio per il 3°, l'anulare per il 4° e il mignolo per il 5°. Mettiamo in play il video del link 2 e suoniamo su e giù la scala maggiore a fantasia. Rispettando la diteggiatura suoniamo tutte le note della scala in ordine continuo o misto.

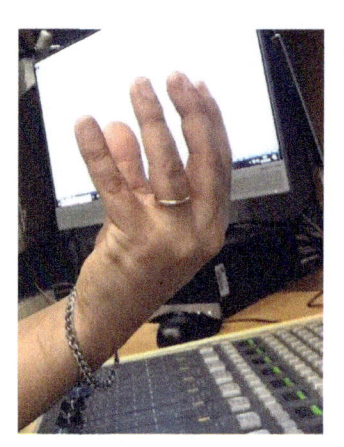

Figura 8 — Questo esercizio servirà ad acquisire il meccanismo della scala maggiore sulla tastiera. Come detto in precedenza fare l'esercizio delle scale su di una base è divertente, ci staccheremo così dall'esecuzione di fila della scala per cominciare ad eseguire porzioni di scale che diventano frasi.

In figura 8 vediamo la scala di DO maggiore nella porzione centrale della tastiera.

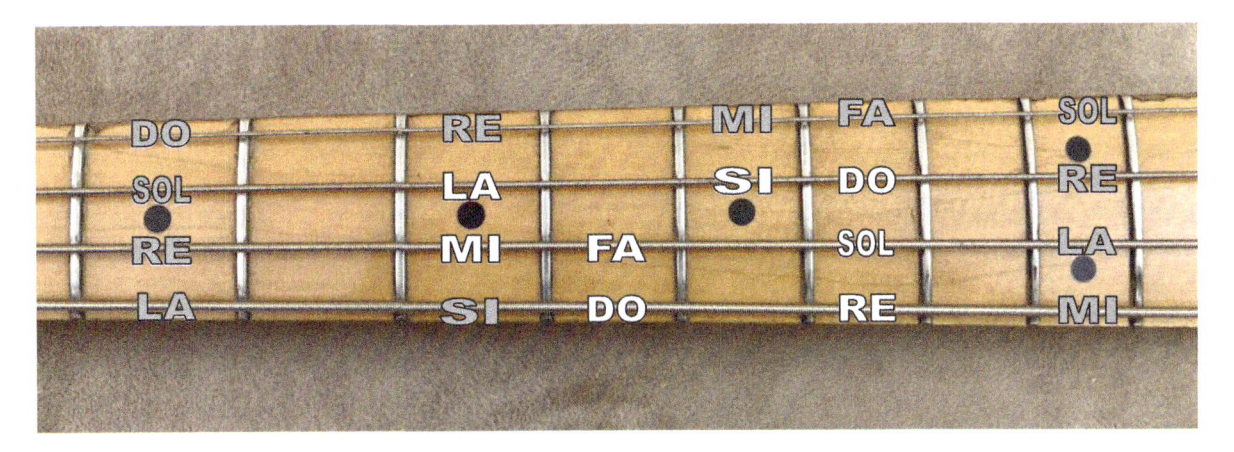

Figura 8

Il DO alla prima corda lo troviamo all'ottavo tasto e usiamo il link 2 per prendere confidenza con quella che chiameremo **diteggiatura in Posizione 1**.

Ricordiamo l'assegnazione delle dita ai tasti: l'indice al 7° tasto, il medio all'8°, l'anulare al 9° e il mignolo al 10°. Arrivati al DO sulla 3° corda si prosegue la scala maggiore con altri 3 gradi fino al FA che è la 4° di DO. Mettiamo in play il link 2 e suoniamo tutte le note a disposizione in questa posizione. In posizione 1 la tonica della scala maggiore, il DO, ce l'hai sotto al dito medio.

L'ultima falange delle dita della mano sinistra, nello spingere la corda al tasto della nota suonata, dovrà essere posizionata perpendicolarmente rispetto la tastiera, a **martelletto**.

Iniziamo con gli schemi

Precedentemente abbiamo accennato che il basso è accordato per quarte giuste e ne comporta un parallelismo costante su tutta la tastiera determinando che le geometrie degli accordi e delle scale per tutte le tonalità sono sempre le stesse. Di questo ne approfittiamo: la scala maggiore in figura 8 d'ora in poi la schematizzeremo con i pallini nella seguente maniera:

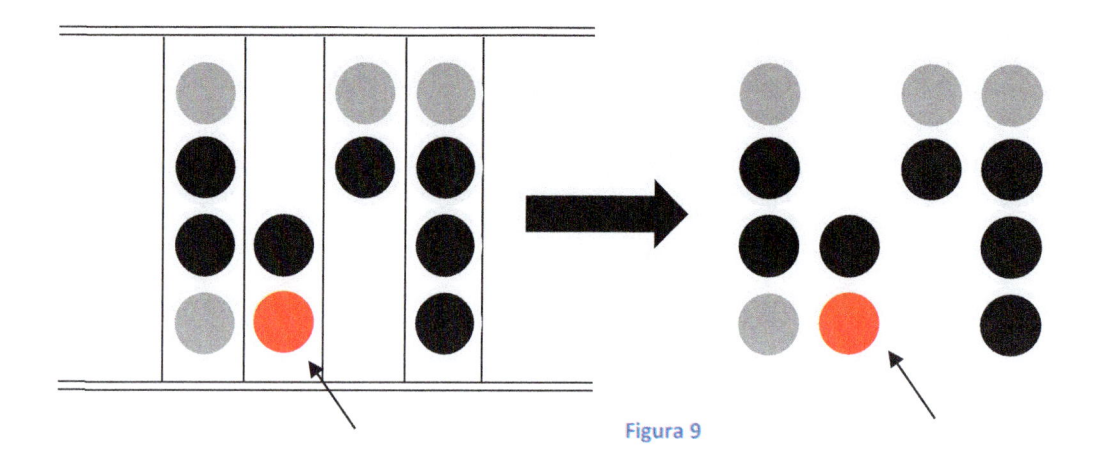

Figura 9

Tutte le scale maggiori di tutti i 12 semitoni possibili che compongono l'ottava quando partono dalla prima corda e quindi in Posizione 1 seguono lo schema in figura 9: il pallino rosso indicato dalla freccia è la tonica della scala. Applichiamo le tre fasi indicate nel capitolo 10 del manuale e, dopo che avremo analizzato gli accordi del componimento musicale e ricavato i centri tonali potremo attuare lo step finale, quello della **"Visualizzazione su tutta la tastiera del basso della scala risultante dall'analisi"**.

"La nota del risultato del calcolo del centro tonale deve essere individuata sulla prima corda partendo poi con il dito medio con la Posizione 1, *quella dello schema in figura 9. Potremo così suonare la scala maggiore di quella tonalità.*

Una volta presa dimestichezza con quella posizione, nel corso del manuale impareremo come utilizzare anche le diteggiature laterali per poterci muovere agevolmente all'interno di una tonalità su tutta la tastiera del basso.

ESEMPIO:

Applicando lo schema in figura 9 facendo coincidere il pallino rosso indicato con la freccia con il 5° tasto alla prima corda eseguiremo la scala Maggiore di LA.

Applicando lo stesso schema facendo coincidere il pallino rosso con il 7° tasto alla prima corda eseguiremo la scala maggiore di SI e così via.

Osserviamo le figure 10 e 11 ed il pentagramma:

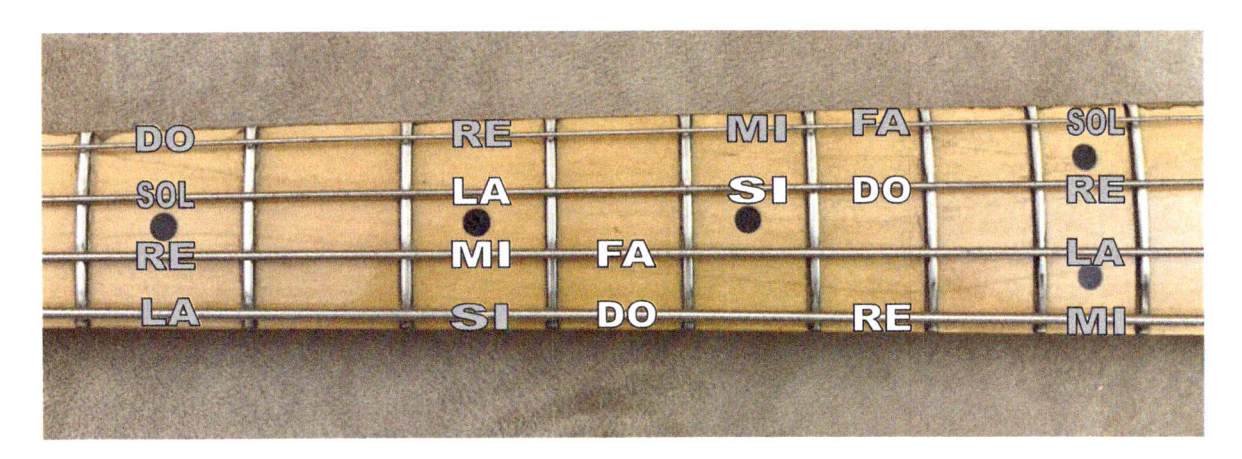

Figura 10

In figura 10 abbiamo l'immagine della scala maggiore di DO che parte dalla corda 1 tasto 8 in Posizione 1.

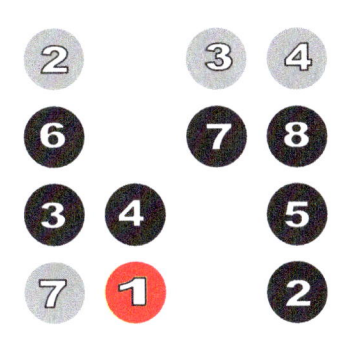

Figura 11

In figura 11 abbiamo la schematizzazione della scala visualizzata in figura 10.

Qui in basso abbiamo gli accordi della scala maggiore con le voci degli accordi fino alle Settime:

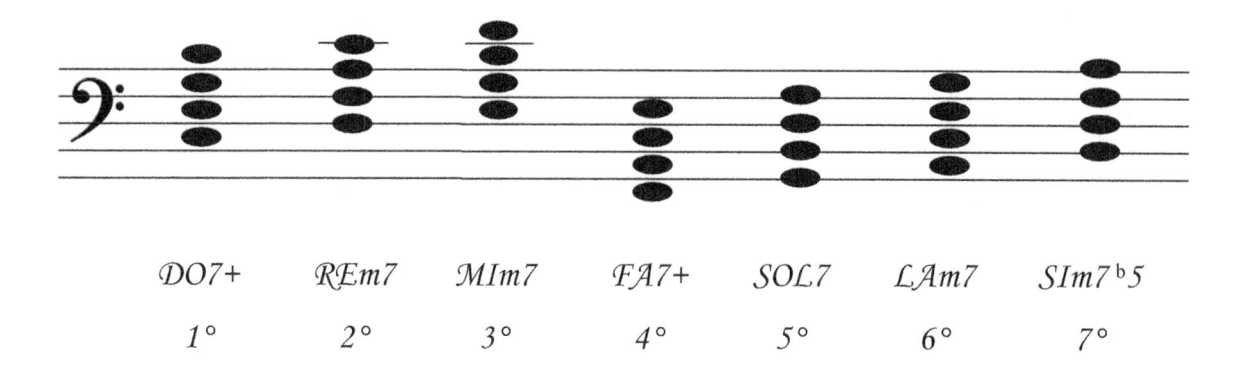

DO7+	REm7	MIm7	FA7+	SOL7	LAm7	SIm7♭5
1°	2°	3°	4°	5°	6°	7°

È tutto collegato: le note in Posizione 1 sulla tastiera del basso in figura 10, lo schema della scala con la visualizzazione dei gradi della tonalità in figura 11 e gli accordi della tonalità sul pentagramma con le voci fino alle settime risultano evidenti dallo schema in figura 9. In conseguenza di ciò da ogni grado della scala nasce un accordo ed una scala modale, la cui tipologia dei singoli accordi l'abbiamo affrontata nel capitolo 2 ed ancora meglio nel capitolo 7.

Nel paragrafo successivo, affrontiamo la schematizzazione degli intervalli. Particolarmente interessanti sono quelli di terza maggiore e terza minore, di quinta e di settima maggiore e minore.

Intervalli e armonia con i pallini

L'intervallo è la distanza tra due suoni misurata in semitoni. Ricordiamoci di dedicare un dito per ogni tasto della tastiera. I riferimenti li facciamo rispetto la Figura 11

Int 01 — ③ ④
INTERVALLO DI MEZZO TONO — *stessa corda*
(dal 3° al 4° è un mezzo tono)
(dal 7° al 8° è un mezzo tono)

Int 02 — ① ②
INTERVALLO DI UN TONO — *stessa corda*
(dal 1° al 2° è un tono)
(si ripete al 4° e al 6°)

Int 03 — ③ / ②
INTERVALLO DI UN TONO — *corda sotto*
(dal 2° al 3° è un tono)
(si ripete al 5° e al 8°)

Int 04 — ③ ⑤
INTERVALLO DI TERZA MINORE — *stessa corda*
(dal 3° al 5° sono 3 semitoni)
(si ripete al 3° e al 6°)

Int 05 — ④ / ②
INTERVALLO DI TERZA MINORE — *corda sotto*
(dal 2° al 4° sono 3 semitoni)
(si ripete al 7°)

Int 06 — ③ / ①
INTERVALLO DI TERZA MAGGIORE — *corda sotto*
(dal 1° al 3° sono 4 semitoni)
(si ripete al 4° e al 5°)

Int 07 — ④ / ①
INTERVALLO DI QUARTA GIUSTA — *corda sotto*
(dal 1° al 4° sono 5 semitoni)
(si ripete al 2°, al 3°, al 5°, al 6° e al 7°)

Int 08 — ④ / ⑦
INTERVALLO DI QUARTA AUMENTATA o QUINTA BEMOLLE — *corda sotto*
(dal 7° al 4° sono 6 semitoni)

Int 09 — ① ⑤ — *INTERVALLO DI QUINTA GIUSTA* — **corda sotto**
(dal 1° al 5° sono 7 semitoni)
(si ripete al 3°, e al 4°)

Int 10 — ⑥ ② — *INTERVALLO DI QUINTA GIUSTA* — **2 corde sotto**
(dal 2° al 6° sono 7 semitoni)
(si ripete al 5°)

Int 11 — ③ ⑧ — *INTERVALLO DI SESTA MINORE* — **corda sotto**
(dal 3° al 8° sono 8 semitoni)
(si ripete al 6°)

Int 12 — ⑥ ① — *INTERVALLO DI SESTA MAGGIORE* — **2 corde sotto**
(dal 1° al 6° sono 9 semitoni)
(si ripete al 4° e al 5°)

Int 13 — ⑧ ② — *INTERVALLO DI 7° MINORE* — **2 corde sotto**
(dal 2° al 8° sono 10 semitoni)
(si ripete al 3° e al 5°)

Int 14 — ⑥ ⑦ — *INTERVALLO DI SETTIMA MINORE* — **stessa corda**
(dal 7° meno 2 semitoni)
(si ripete al 2°, e al 5°)

Int 15 — ③ ② — *INTERVALLO DI 7° MINORE* — **corda sotto**
(dal 3° meno 2° semitoni)
(si ripete al 6°)

Int 16 — *INTERVALLO DI 7° MAGGIORE*
(dal 1° al 7° sono 11 semitoni)
(si ripete al 4°) — **2 corde sotto**

Int 17 — *INTERVALLO DI 7° MAGGIORE*
(dal 1° al 7° meno 1 semitono)
(si ripete al 4°) — **stessa corda**

Int 18 — *INTERVALLO DI OTTAVA*
(dal 1° al 8° sono 12 semitoni) — **2 corde sotto**

Importante:

Le Figure 10 e 11 mettiamole in relazione con gli accordi sul pentagramma. Grazie alla schematizzazione degli intervalli di questo paragrafo potremo ricavare la tipologia degli accordi solo guardando la Figura 11.

Proviamo:

Pallino 1   **dal pallino 1, quello rosso, nasce il primo accordo della tonalità**
                 la terza è maggiore (riferimento int 6)
                 la quinta è giusta (riferimento int 9)
                 la settima è maggiore (riferimento int 17)
                 l'accordo che nasce dal pallino 1 è maggiore con la settima maggiore

Pallino 2   *dal pallino 2 nasce il 2° accordo della tonalità*

   la terza è minore (riferimento int 3)

   la quinta è giusta (riferimento int 10)

   la settima è minore (riferimento int 14)

   l'accordo che nasce dal pallino 2 è minore con la settima minore

Pallino 3   *dal pallino 3 nasce il 3° accordo della tonalità*

   la terza è minore (riferimento int 4)

   la quinta è giusta (riferimento int 9)

   la settima è minore (riferimento int 15)

   l'accordo che nasce dal pallino 3 è minore con la settima minore

Ora andiamo avanti solo guardando la figura 11 senza usare i riferimenti allo schema degli intervalli.

Pallino 4   *dal pallino 4 nasce il 4° accordo della tonalità*

   la terza è maggiore (pallino 6)

   la quinta è giusta (pallino 8)

   la settima è maggiore (pallino 3)

   l'accordo che nasce dal pallino 4 è maggiore con la settima maggiore

Pallino 5   *dal pallino 5 nasce il 5° accordo della tonalità*

   la terza è maggiore (pallino 7)

   la quinta è giusta (pallino grigio 2)

   la settima è maggiore (pallino 4)

   l'accordo che nasce dal pallino 5 è maggiore con la settima minore

Pallino 6   *dal pallino 6 nasce il 6° accordo della tonalità*

la terza è minore (pallino 8)

la quinta è giusta (pallino grigio 3)

la settima è minore (pallino 5)

l'accordo che nasce dal pallino 6 è minore con la settima minore

Pallino 7   *dal pallino 7 nasce il 7° accordo della tonalità*

la terza è minore (pallino grigio 2)

la quinta è diminuita (pallino grigio 4)

la settima è minore (pallino 6)

l'accordo che nasce dal pallino 7 è semidiminuito

*Abbiamo appena ricavato gli accordi dalla tonalità come abbiamo fatto al capitolo 7 solo **guardando lo schema della scala**. D'ora in poi quando studieremo le altre tonalità potremo scegliere di ricordare solo le schematizzazioni delle scale poiché da esse sarà facile ricavare la sequenza degli accordi della tonalità.*

Le posizioni della scala maggiore

(la scala maggiore su tutta la tastiera del basso)

Adesso studieremo la scala maggiore su tutta la tastiera staccandoci dalla scala di DO e procedendo con la scala di SOL maggiore che, oltre ad essere molto usata, è una tonalità che ha la prima posizione nella parte sinistra della tastiera del basso.

Identifichiamo il termine posizione come la porzione di una scala suonata sulle quattro corde tenendo ferma la mano sinistra. Per suonare questa porzione dedichiamo un dito per ogni tasto della tastiera. La posizione 1 è quella in cui la tonica della tonalità la troviamo in corda 1 e più precisamente la tonica si troverà sotto il dito medio. Possiamo eseguire la scala in verticale sulle quattro corde senza muovere la mano sinistra percorrendo tutta la posizione oppure farla sfogare di lato cambiando la posizione della mano sinistra. In tutte le posizioni usate le note non usciranno mai dalla tonalità e manterranno sempre le stesse alterazioni. Le parti laterali delle posizioni coincideranno perfettamente con le parti laterali delle posizioni adiacenti. Scendendo sulla tastiera si inanellano 5 posizioni per arrivare all'ottava successiva per così ripartire con la posizione 1.

Nelle 5 posizioni possibili sono comprese le scale modali.

Partendo dalla scala maggiore di SOL in chiave troveremo come unica alterazione il FA diesis. Facendo il gioco delle terze possiamo ricavare tutti gli accordi della tonalità:

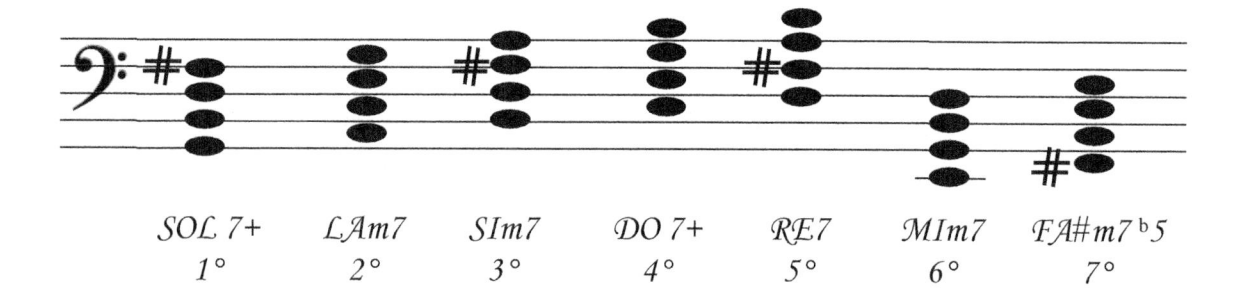

SOL 7+	LAm7	SIm7	DO 7+	RE7	MIm7	FA#m7 ♭5
1°	2°	3°	4°	5°	6°	7°

Il primo SOL lo troviamo in corda 1 al 3° tasto, la **posizione 1** *partirà di lì.*

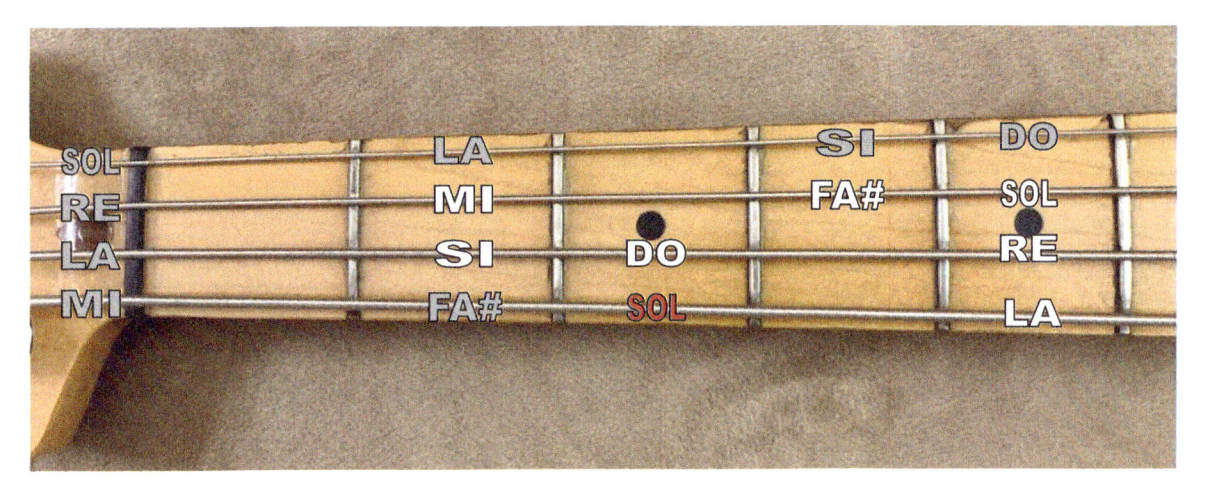

Figura 12

In figura 12 è illustrata la **posizione 1** *della scala di SOL maggiore. Con la scritta rossa viene identificato il punto di partenza della posizione 1 che identifica il nome della tonalità che stiamo suonando. Quanto espresso in figura 12 lo possiamo schematizzare con i pallini come in figura 13 così d'ora in poi la posizione 1 sarà illustrata nella maniera seguente:*

POSIZIONE 1

MODO IONICO

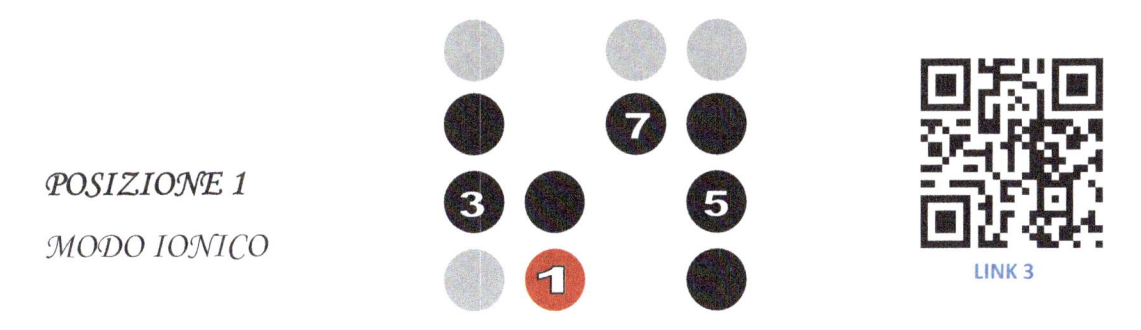

LINK 3

Figura 13

Prima di andare avanti ti invito a fare una verifica, applica il primo postulato quello del T - T - ½T - T - T - T - ½T dal SOL in prima corda in figura 12 o con lo stesso con il basso in mano, vedrai che le note ed i pallini coincideranno.

Andiamo avanti con un po' di considerazioni. In figura 13 nello schema della posizione 1 sono evidenziate la prima, la terza, la quinta e la settima che risulteranno utili per esercitarci sugli arpeggi. Inquadrando il link 3 partirà una base musicale fissa in SOL maggiore 7+. Facendo riferimento a quanto detto nel capitolo 13 a pagina 58 dedichiamo un dito della mano sinistra per ogni tasto e facciamo coincidere il dito medio al pallino rosso numero 1, la tonica della posizione 1. Ci troviamo al

3° tasto in corda 1 e di lì partiamo per eseguire tutta la diteggiatura: il SOL con il medio, il LA con il mignolo, il SI con l'indice, il DO con il medio, il RE con il mignolo, il MI con l'indice, il FA# con l'anulare e il SOL con il mignolo. La posizione 1 coincide esattamente con il primo modo delle scale modali, il **modo ionico**. Facciamo play con il video e alleniamoci sulle scale divertendoci e prendendo dimestichezza con il fraseggiare. Giochiamo!

Dalla Posizione 1 guadagneremo la posizione 2. Facendo sfogare la scala lateralmente suoniamo il SOL con il dito medio e andiamo al LA con l'indice fissando un dito per tasto e suonando le note in figura 14: questa è la **posizione 2**. Eseguiamo le alterazioni della scala di SOL usando l'indice per il LA, l'anulare per il SI ed il mignolo per il DO. Nella corda successiva l'indice e l'anulare suoneranno il RE ed il MI. A questo punto spostando la mano di un tasto verso sinistra l'indice guadagnerà il FA# al quarto tasto in corda 3 per proseguire al quinto tasto con il medio sul SOL e il mignolo sul LA. Nella corda successiva utilizzeremo l'indice, il medio e l'anulare per il SI, il DO ed il RE.

Il primo LA lo troviamo in corda 1 al 5° tasto, la **posizione 2** partirà di lì

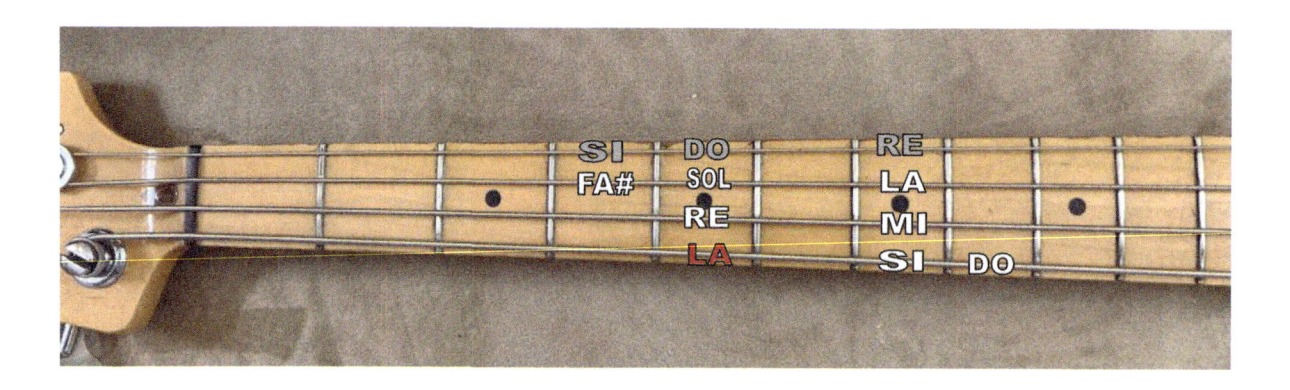

Figura 14

Nella figura 14 c'è la **posizione 2**. Partendo dal LA in 1° corda al 5° tasto con il dito indice ed eseguendo la scala con le alterazioni in tonalità di SOL lo schema che ne deriverà sarà il seguente:

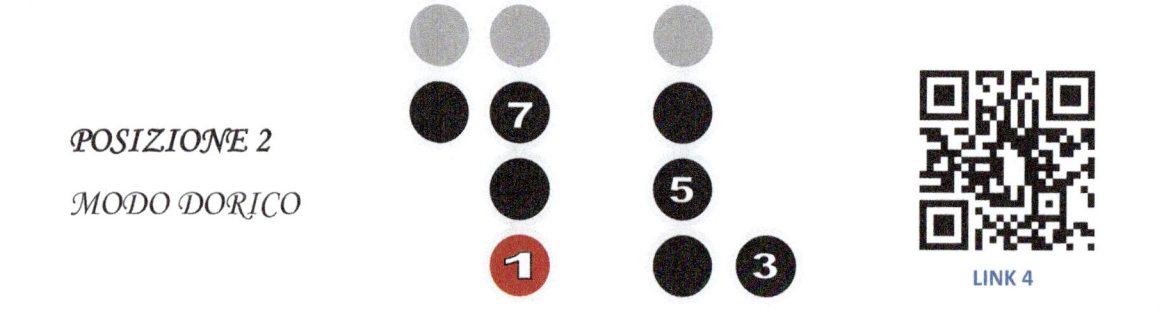

POSIZIONE 2

MODO DORICO

LINK 4

*In precedenza abbiamo detto che tutte le diteggiature sono legate tra loro: ogni parte destra coincide con la sinistra della successiva, e ogni parte sinistra coincide con la destra della precedente. Durante un fraseggio o un assolo utilizzeremo la parte destra della posizione come riferimento per scivolare in quella successiva. La scala in posizione 2 coincide con il **modo dorico**. Nella Figura 14, prima del pallino rosso non c'è nulla perché il SOL che è la settima minore del LA- dista 2 semitoni indietro. La settima della scala la troviamo due corde sotto lo stesso tasto (vedi il riferimento Int 13 del capitolo degli intervalli). La terza è minore e la quinta giusta. Facciamo partire il video YouTube dal link 4 dove sarà proposto un LA-7 continuo e sentiremo come suona il modo dorico usando la Posizione 2.*

In figura 15 la posizione 3 che parte con il SI in corda 1 tasto 7°.

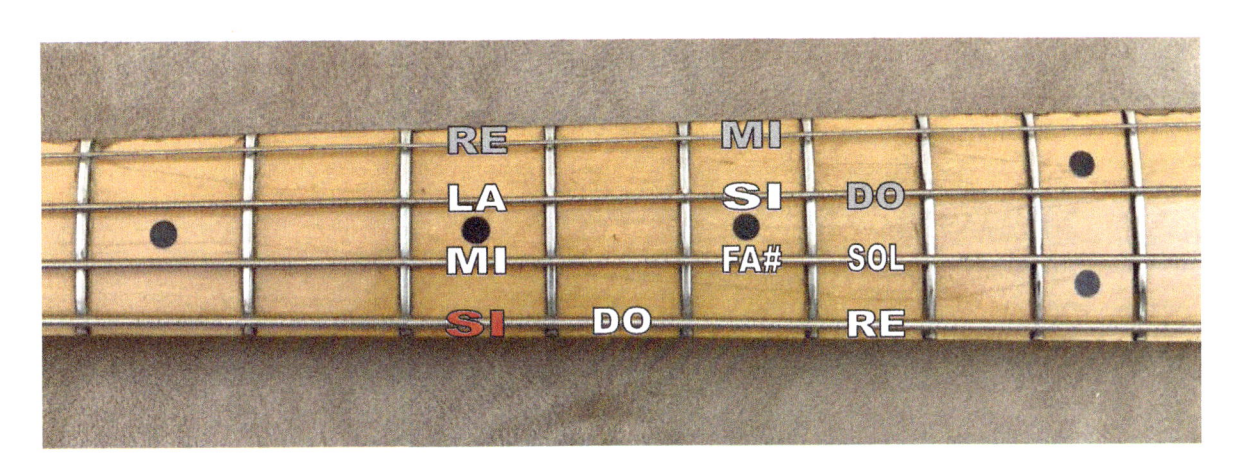

Figura 15

Lo schema che ne deriva è il seguente:

POSIZIONE 3

MODO FRIGIO

LINK 5

*Mettiamo a confronto le posizioni 2 e 3. Siamo di fronte a due modi minori, posizioni e accordi di riferimento hanno entrambe la terza minore, la quinta giusta e la settima minore. I due accordi hanno le stesse caratteristiche fondamentali ma ne differiscono per i colori e le sensazioni. Tutto questo scaturisce dalla differenza delle none e delle seste. Nella posizione 2 la nona è giusta e la sesta è maggiore (queste caratteristiche maggiori o minori dei gradi possiamo verificarle sullo schema delle posizioni degli intervalli rappresentato graficamente nel capitolo 15). Nella posizione 3 la nona è minore e la sesta è minore proviamola sul Link 5 che propone una base musicale con un SI-7 continuo. Torniamo a suonare il modo dorico sul Link 4 che proponeva un LA-7 e notiamo le differenze: i colori sono simili ma non uguali, il modo dorico è più disteso ed il **modo frigio** corrispondente alla posizione 3 con la sua nona bemolle ha un sapore orientaleggiante.*

Giochiamo con questi due modi sulle basi musicali per comprendere fino in fondo che queste due scale nascono da accordi perfettamente uguali ed esprimono colori e concetti differenti. Più avanti capiremo meglio come distinguerli.

Tornando alle posizioni della scala maggiore ricordiamoci della posizione 3 del SOL maggiore dove il dito indice partiva dal SI al 7° tasto in corda 1. **Con questa diteggiatura abbiamo la possibilità di suonare due modi: partendo dal SI suoniamo il modo frigio, minore, partendo dal DO il modo lidio, maggiore.**

POSIZIONE 3
MODO LIDIO

La diteggiatura è la stessa, la posizione è la stessa ma la prospettiva è differente, praticamente un altro mondo. **Provocazione**: *Se il Link 6 proponesse una base musicale con un DO maggiore per sperimentare il modo lidio* **dovremmo obiettare** *che quel DO maggiore l'avremmo potuto interpretare* come un primo grado del DO maggiore e quindi sulla base musicale avremmo usato il modo ionico partendo dal DO. Niente di più giusto, l'obiezione è corretta. Di fronte ad una base musicale in DO maggiore abbiamo la possibilità di interpretarlo come fosse un primo grado, un quarto grado o che fosse un quinto grado di una tonalità maggiore e quindi suonare una scala di DO maggiore, di SOL maggiore, oppure una scala di FA maggiore. Nel Link 6, invece la scelta è praticamente obbligata perché nella base c'è una sequenza di DO Maj7 e di SI-7 e quindi risulteranno il DO Maj7 come quarto grado ed il SI-7 come terzo grado entrambi di SOL maggiore. Suoniamo sul link 6 e rimaniamo in posizione 3 facendo attenzione a dare il giusto peso al modo utilizzato in base all'accordo che abbiamo sotto passeremo così dal **modo Lidio** (maggiore) al **modo frigio** (minore). Questa diteggiatura è importante perché ci pone di fronte alla scelta se dare più peso ad inseguire i modi in funzione dell'accordo oppure dare peso alla tonalità generale che abbiamo calcolato dall'analisi degli accordi. Quando ci troviamo sul modo lidio diamo la giusta attenzione al sapore di questa quarta aumentata. Nei modi maggiori solitamente la quarta è giusta perciò si trova sempre sotto la tonica, nel modo lidio la quarta è aumentata e si trova alla corda sotto una nota a destra, (capitolo 15 Int. 8). Nel Link 7 c'è una base musicale con solo un DO#11.

Che accordo è questo?

Parlando delle tonalità minori melodiche troveremo accordi più articolati che troveranno impiego principalmente nell'ambito Jazz con l'ausilio di accordi ♭9, #5, #11, ♭13 e così via.

Ancora per un po' utilizzeremo accordi risultanti dalla sovrapposizione di 4 terze ovvero prima, terza, quinta e settima. Le note degli accordi sono sempre prese all'interno della scala interessata. Gli accordi possono essere anche arricchiti in funzione di ulteriori terze. Schematizziamo allora le terze di un accordo di DO maggiore come 1° grado della tonalità di DO maggiore:

Prima, Tonica	*DO*
Terza	*MI*
Quinta	*SOL*
Settima	*SI*

Andiamo avanti con ulteriori terze ricavate dalle terze precedenti:

Nona	*RE*	*corrisponderebbe alla* **seconda** *un'ottava sopra*
Undicesima	*FA*	*corrisponderebbe alla* **quarta** *un'ottava sopra*
Tredicesima	*LA*	*corrisponderebbe alla* **sesta** *un'ottava sopra*

più avanti affronteremo l'argomento in maniera più diffusa ma adesso facciamo delle considerazioni guardando le note che sono uscite dal calcolo delle terze: **ci sono tutte e 7 le note della Tonalità** *dal DO al SI.*

Torniamo al modo Lidio. Utilizzando questo modo maggiore su di un unico accordo maggiore, per esempio il DO Maj7, il modo Lidio potrebbe suonare un po' ostico per la presenza della quarta aumentata. Risolviamo la difficoltà abbellendo l'accordo con la sua undicesima, aggiungiamo un'altra terza dopo la settima e arriviamo alla nona (in DO la settima e SI, l'ottava è un altro DO e la nona è un RE, che è la seconda del DO), dalla nona aggiungiamo un'altra terza e arriviamo all'undicesima che corrisponde alla nota FA# (ricordo che siamo in tonalità di SOL maggiore e l'unica alterazione in chiave è il diesis in FA). Tra il DO, tonica dell'accordo, ed il FA# c'è un intervallo di una quarta aumentata. Aggiungendo al DO la sua undicesima oltre all'abbellimento otteniamo un'indicazione precisa che suggerisce l'uso di una scala con al suo interno una quarta aumentata, il **modo lidio***. Suoniamo la scala lidia di DO sul Link 7: l'accordo ascoltato da solo è tensivo ma con l'abbraccio della scala appropriata, la lidia, assume sensazioni di comodità e normalità.*

In Figura 16 la Posizione 4 parte con il RE in corda 1 al 10° tasto.

Figura 16

Lo schema che ne deriva è il seguente:

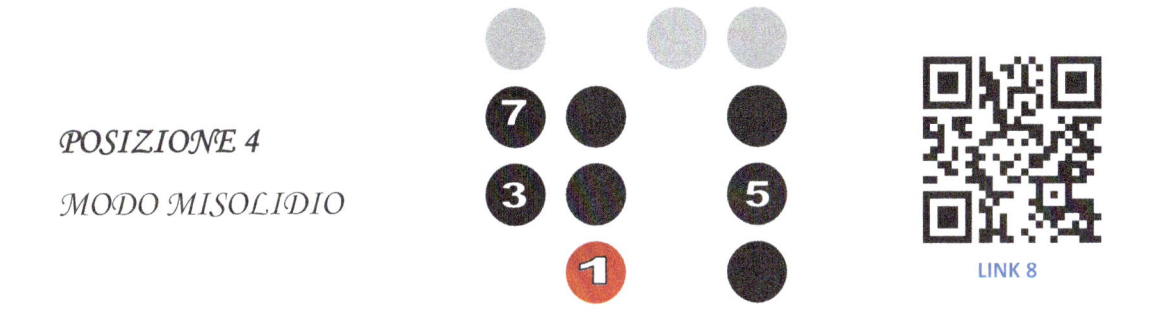

POSIZIONE 4

MODO MISOLIDIO

LINK 8

Vediamo che si tratta di un modo maggiore, la terza è maggiore la quinta è giusta e la settima è minore. Come negli altri modi maggiori il dito più indicato per partire è il medio. A differenza degli altri modi maggiori però ha la settima minore. Questo è l'unico caso all'interno della scala maggiore di un accordo maggiore con la settima minore. Questa scala è molto utilizzata nel blues perché il blues solitamente è fatto da tutti accordi di Dominante. Noi ora stiamo vedendo la posizione 4 che coincide con il **modo misolidio** *che si appoggia su un accordo di Dominante, studieremo più avanti l'importanza e la strategicità di questo accordo perché provoca tensioni, porta a cambi di tonalità e può essere utilizzato per incroci tra tonalità diverse da quella maggiore, su questo accordo è possibile suonare più tipi di scale. Suoniamo ora però il modo misolidio per mezzo del Link 8 con una base musicale in RE7, suoniamo questo modo partendo dal RE e prendiamo dimestichezza.*

In figura 17 l'ultima diteggiatura, siamo arrivati al 12° tasto che corrisponde al salto d'ottava delle corde a vuoto:

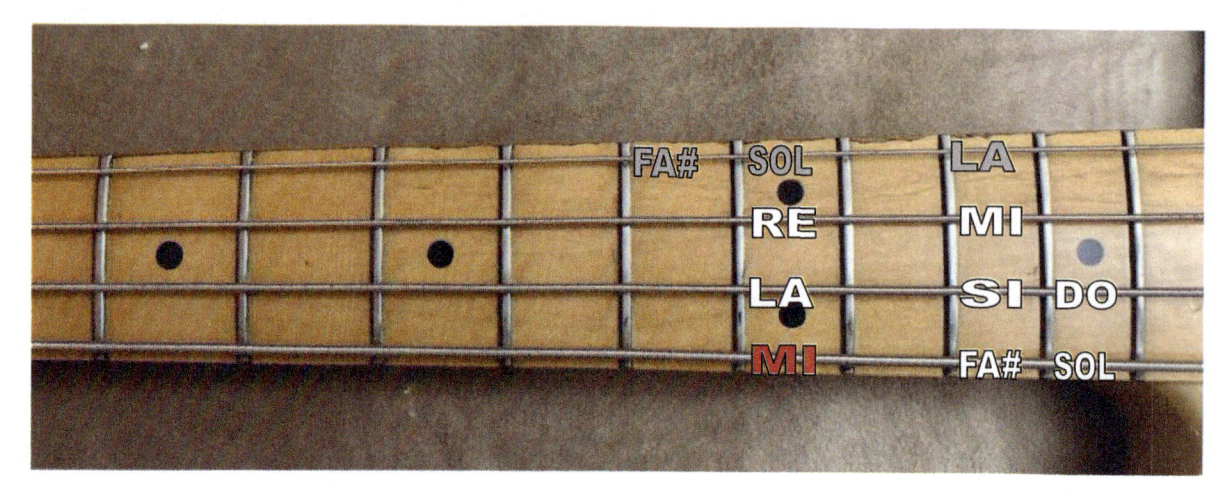

Figura 17

Lo schema che ne deriva è il seguente:

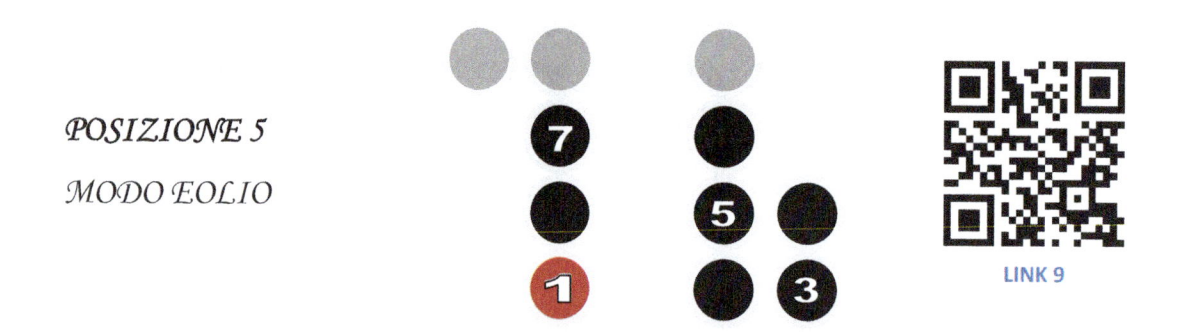

POSIZIONE 5

MODO EOLIO

LINK 9

In posizione 5 risiede il **modo Eolio**, *un modo minore molto simile al dorico differendone solo per la sesta che nell'Eolio è minore mentre nel dorico è maggiore (ogni volta che facciamo riferimento agli intervalli maggiori o minori andiamo a vedere lo schema del modo con i pallini e possiamo riscontrare la tipologia dell'intervallo se maggiore o minore. Piano piano impareremo gli schemi a memoria e saremo in grado di commentare su tutti i gradi come se li sapessimo tutti a memoria). Nel caso ora in esame, quello della scala maggiore di SOL, la diteggiatura della posizione 5 ed il modo Eolio partono dal dodicesimo tasto. Partiremo con l'indice al MI in corda 1 tasto 12. Quando arriviamo in corda 3 andiamo con l'indice sulla settima per usare il mignolo sull'ottava che darà l'appoggio utile per spostarci con la mano sinistra verso sinistra per andare a prendere la nona con l'indice.*

Notiamo che anche questo modo minore si regge su un accordo minore identico agli accordi minori che nascono sui gradi 2 e 3. Dal video del Link 9 parte una base musicale con un MI-7 continuo: prendiamo il modo Eolio partendo dal MI al dodicesimo tasto in corda 1 e divertiamoci.

A questo punto sorge un dubbio. Ci troviamo di fronte ad un accordo di DO#-7: come lo intendiamo? Un 2° grado? Un 3°? Un 6°? La risposta è che dobbiamo interpretarlo. Se è un accordo abbastanza isolato abbiamo una grande libertà interpretativa, se abbiamo altri accordi intorno faremo l'analisi orizzontale calcolando il centro Tonale. Se lì intorno ci fosse un SI-7 saranno un secondo e terzo grado della tonalità maggiore di LA. Se lì intorno ci fosse un RE#-7 saranno un terzo e secondo grado di SI maggiore. Se lì intorno ci fosse un SI maggiore saranno sesto e quinto grado della tonalità di MI maggiore. Alla fine di questo manuale a pagina 127 c'è un video didattico che spiega il metodo per l'approccio agli accordi minori.

La posizione 5 nel caso della Tonalità di SOL maggiore la ritroviamo anche all'inizio della tastiera del basso in corrispondenza delle corde a vuoto. Nella porzione iniziale del basso non abbiamo la possibilità di suonare il FA# che è la nona perché si trova all'undicesimo tasto, sarebbe la nota prima della corda a vuoto, che è impossibile. Ma vediamola in figura 18.

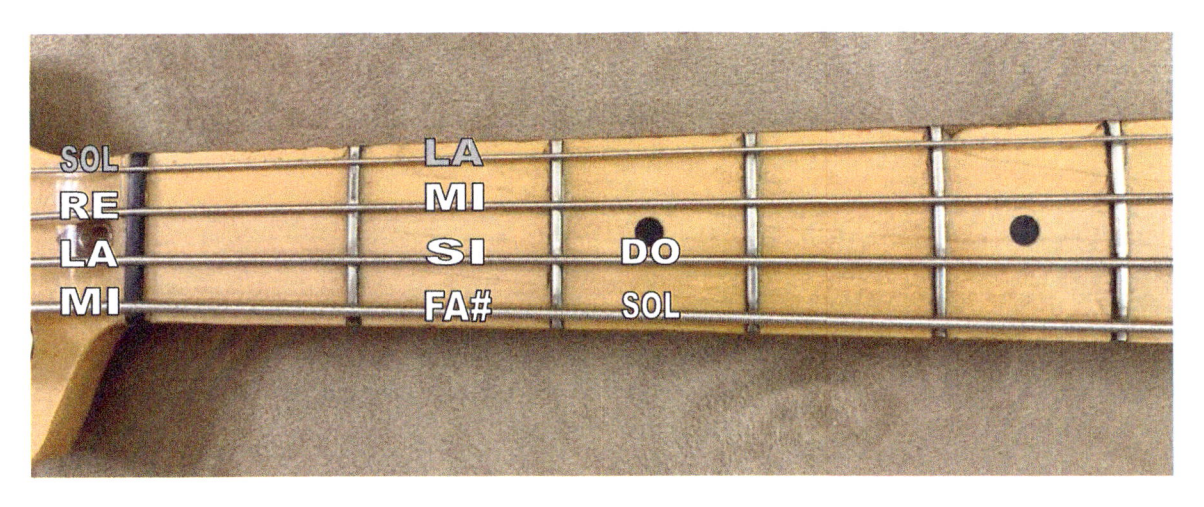

Figura 18

Lo schema che ne deriva è il seguente:

POSIZIONE 5

MODO EOLIO

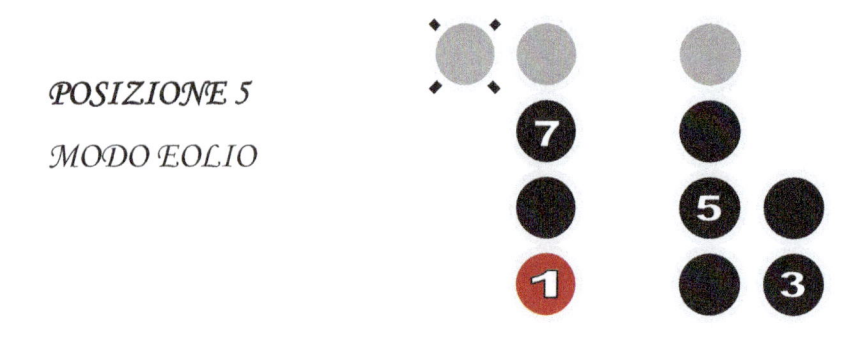

Dopo il modo Eolio abbiamo l'ultimo modo, il Locrio, è il modo del settimo grado, e lo troviamo inglobato nella Posizione 1, andiamo avanti con la posizione della tastiera e lo troviamo che parte in corda 1 tasto 14 come visualizzato in figura 19 .

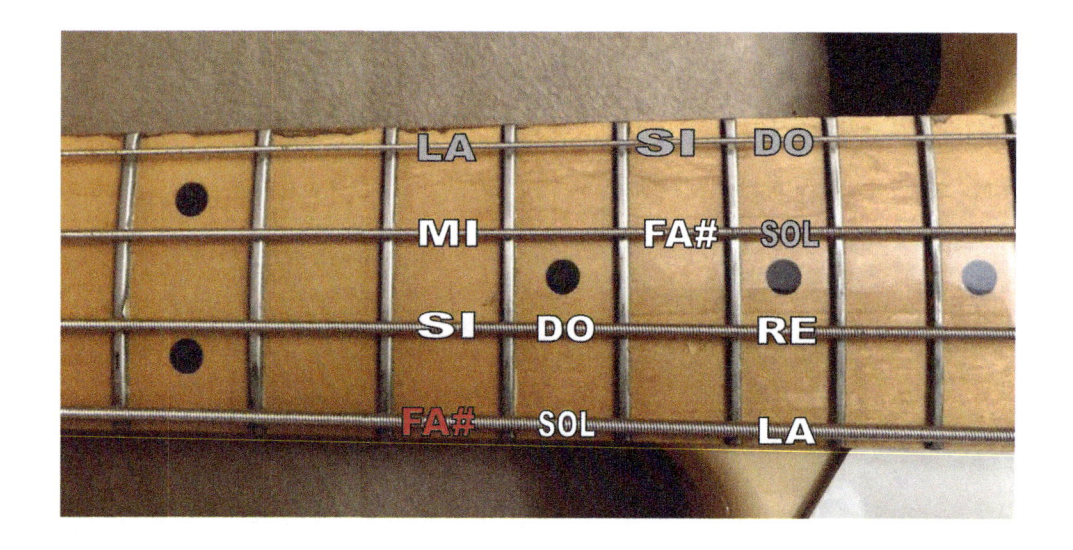

Figura 19

Abbiamo visto le 5 posizioni, ovviamente dopo la posizione 1 al quattordicesimo tasto si continua con le successive posizioni fino alla fine dei tasti della tastiera. Precedentemente abbiamo visto la posizione 1 in testa al basso in corrispondenza del modo Ionico.

In figura 20 vediamo la posizione 1 visualizzando il **modo Locrio**.

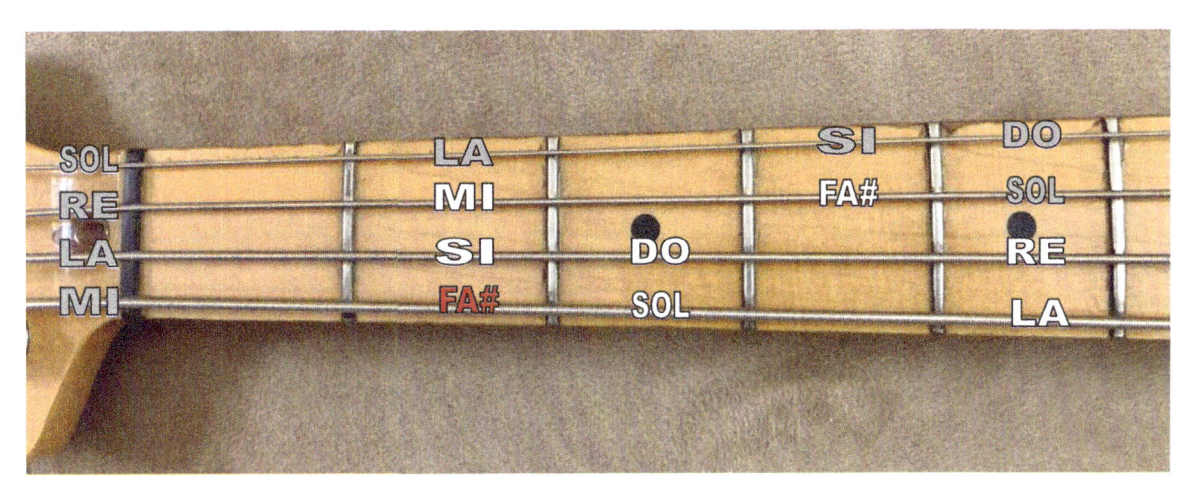

Figura 20

Lo schema che ne deriva è il seguente:

POSIZIONE 1

MODO LOCRIO

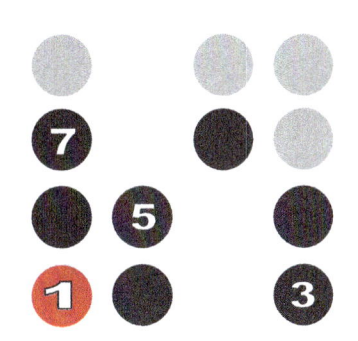

LINK 10

Salta all'occhio che il modo Locrio ha la quinta bemolle, la terza è minore e la settima minore. Partiremo con il dito indice al secondo o al quattordicesimo tasto. Il Link 10 fa partire una base musicale con un FA# semidiminuito. Giochiamo.

In figura 21 vediamo un riepilogo di tutte le diteggiature e le relative posizioni della scala maggiore su tutta la tastiera del basso. Questa va imparata a memoria e dovrà essere l'unica sicurezza nella vita. La conoscenza perfetta di questo schema darà libertà espressiva.

TONALITA' MAGGIORE

Posizione 1   Posizione 2   Posizione 3   Posizione 4   Posizione 5

Figura 21

Noi siamo musicisti, ma stiamo diventando anche un po' grafici e designer perché, la visione dello schema in figura 21 ci aiuta istantaneamente di apprezzare le differenze tra i modi e gli accordi che nascono dai singoli gradi. Intanto, positivamente, stiamo iniziando quasi a confondere le posizioni con i modi. In posizione 1 abbiamo il modo Ionico e anche il modo Locrio, la posizione 2 è tutta dedicata al dorico, nella 3 abbiamo il frigio e il lidio, la 4 è tutta dedicata al misolidio come la 5 è tutta dedicata all'eolio. Inoltre, ci ricordiamo che gli accordi Maggiori sono al 1° 4° e 5° grado, e guardiamo subito la differenza dei 3 modi maggiori: lo ionico in posizione 1, il lidio in posizione 3 e il misolidio in posizione 4, sono scale differenti in virtù delle settime, delle none, undicesime e tredicesime, ognuna di loro ha sapori e colori differenti. Questa schematizzazione ci aiuta anche a vedere le differenze tra i 3 accordi minori, totalmente uguali per tonica, terza minore, quinta, e settima, ma differenti per gli altri suoni, il dorico in Posizione 2, il frigio in posizione 3 e l'eolio in posizione 5.

Quindi abbiamo preso coscienza delle differenze dei modi, ed in particolar modo nella musica leggera, facendo riferimento all'analisi orizzontale di cui accennavo alla prefazione di questo manuale, quando sono di fronte ad un accordo diventa molto difficoltoso associare un modo per ogni accordo, presumo sia uno sforzo eccessivo, forse è molto meglio **analizzare una sequenza di accordi, calcolarne il centro tonale ed associarne una scala che la utilizzeremo su tutta la tastiera.**

*In questo capitolo abbiamo affrontato la scala maggiore di SOL. È utile ricordare una questione fondamentale alla base di questo manuale: se nell'analisi di un brano musicale abbiamo calcolato come centro tonale il LA maggiore, tutto quanto abbiamo imparato per il SOL maggiore lo dobbiamo spostare di due semitoni a destra e ricoincide tutto, scale, accordi o in via più generale **dobbiamo far coincidere la partenza del modo ionico in posizione 1 con la nota che coincide al centro tonale trovato sulla prima corda**.*

Esercitiamoci, prendiamo delle canzoni semplici, calcoliamo i centri tronali ed applichiamo le posizioni per fare esercizi ed improvvisazioni.

Mettiamo un po' di sapore jazz

Quando abbiamo parlato del modo lidio abbiamo anticipato un argomento, quello di utilizzare accordi più articolati. Tali accordi sono il risultato dell'utilizzo di ulteriori terze oltre la settima ed escono le none, le undicesime, e le tredicesime. A seconda delle scale e dei modi, utilizzando sempre le note della tonalità interessata, quando si espone un'estensione dell'accordo oltre la settima bisogna vedere sempre a che distanza si trova rispetto alla tonica dell'accordo. Abbiamo visto che per l'accordo di DO maggiore come quarto grado del SOL maggiore, il FA# era la sua undicesima (una quarta un ottava sopra), l'intervallo tra il FA# ed il DO è di quarta (undicesima) aumentata e così abbiamo proposto di corredare il DO Maj7 con un DO Maj7 #11. Nell'ambito jazzistico i musicisti segnano gli accordi con le sigle in inglese perché fanno prima, devono velocizzare il tutto anche la lettura, allora tra scrivere l'accordo C Maj7 e poi magari appuntarsi a matita in centro tonale, qualora volessero appuntarsi che su quell'accordo maggiore con la settima maggiore hanno intenzione di suonare un lidio, si segnano direttamente la sigla C Maj7#11, così con quel suffisso #11 si sono segnati che a quell'accordo maggiore ci applicheranno il modo lidio perché solo il lidio ha la quarta (l'undicesima) aumentata. E più o meno i jazzisti si comporteranno nella stessa maniera anche per gli altri accordi della semplice tonalità maggiore. E così abbiamo:

SOL 7+	LAm7	SIm7	DO 7+	RE7	MIm7	FA#m7 ^{b}5
1°	2°	3°	4°	5°	6°	7°

I sette accordi della Tonalità possono diventare:

G Δ	A-7	Bsus ^{b}9	C Δ #4	D7	E- ^{b}6	F#ø
1°	2°	3°	4°	5°	6°	7°

1° Accordo G △

È un SOL maggiore, è esposta la settima maggiore, è un SI, la scala è la ionica, ha un suono maestoso.

2° Accordo A-7

È un LA minore settima, terza minore e settima minore, la scala è la dorica.

3° B sus ♭9

È un accordo con tonica, terza minore, settima e nona bemolle. Un jazzista in genere quando vede un accordo minore con la settima minore lo associa ad un dorico della tonalità maggiore, in questo accordo si espone la ♭9 per richiamare velocemente il modo Frigio maggiore che ha la nona bemolle. In genere un jazzista omette la terza ed espone la quarta che è giusta e la nona minore rimane, è una maniera più incisiva di indicare l'utilizzo del modo frigio sus ci ricorda che esponendo la quarta, si conferisce un senso di sospensione, la terza non si suona ma si sente che è un modo minore.

4° Accordo F △ #4

È un accordo maggiore con la settima maggiore, ne abbiamo già parlato, la quarta è aumentata. Il modo è il lidio.

5° Accordo G7

È un SOL maggiore con la settima minore, la quarta è giusta, la scala principale è la misolidia.

6° Accordo A-♭6

È un LA minore settimo con la sesta minore. Il suffisso ♭6 ci ricorda la sesta minore e ci indirizza al Modo è l'Eolio cha ha sesta minore.

7° Accordo Bø

È un accordo Semidiminuito con terza minore, quinta bemolle, e settima minore. Il modo è il locrio.

La scala minore naturale e i suoi accordi

Finora abbiamo visto la scala maggiore e le sue regole. L'abbiamo trattata quasi come una divinità. Dalla sequenza Tono Tono Semitono Tono Tono Tono Semitono sono scaturiti accordi, scale modali e le pentatoniche. Abbiamo imparato a calcolare centri tonali e abbiamo iniziato a muovere i primi passi nel viaggio dell'improvvisazione.

*Non esiste solo la scala maggiore. Esistono anche altre scale con altre sequenze di suoni, **altri postulati**. Altre sequenze generano altri accordi, altri modi e quindi altre strade per l'improvvisazione.*

Entriamo nel mondo delle Scale e delle tonalità minori. Facendo riferimento alla lezione ricevuta dal mio amico pianista maggiore vuol dire freschezza e felicità, minore vuol dire tristezza.

La prima delle tonalità minori è la minore naturale. La scala minore naturale coincide esattamente con il modo eolio della scala maggiore. Il modo eolio è posizionato al 6° grado della tonalità maggiore, noi trasliamo il tutto facendo diventare 1° grado ciò che fino ad ora era il sesto grado. Quindi la sequenza dei toni e semitoni è la stessa della tonalità maggiore solo che si parte dal 6° grado. La sequenza degli accordi, dei modi e delle posizioni noi le conosciamo già. Nel caso della tonalità di DO maggiore il 6° grado è il LA, manteniamo quindi gli intervalli tra i suoni fondamentali e partiamo dal 6° grado, il LA:

LA	SI	DO	RE	MI	FA	SOL
1°	2°	3°	4°	5°	6°	7°

Fatta la scala ora andiamo a mettere le terze fino alla 7°.

Ecco la sequenza degli accordi:

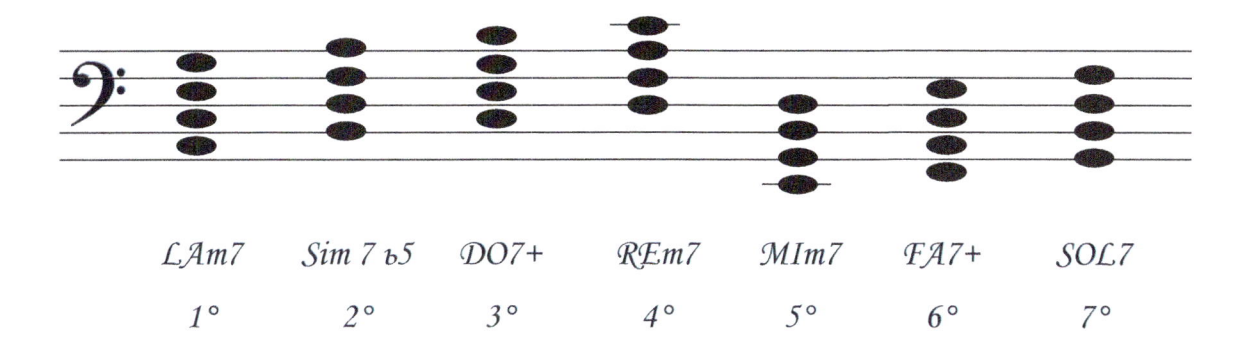

LAm7	Sim7 ♭5	DO7+	REm7	MIm7	FA7+	SOL7
1°	2°	3°	4°	5°	6°	7°

Modi, scale, e accordi oramai li conosciamo andiamo direttamente a schematizzare la Tonalità Minore naturale con la Figura 22:

TONALITA' MINORE NATURALE

Posizione 1	Posizione 2	Posizione 3	Posizione 4	Posizione 5

Figura 22

La tonalità minore naturale è uguale alla tonalità maggiore ma trasla di 3 semitoni, ricordiamoci però di suonarla dando l'accezione di tristezza dovuta all'ambiente minore.

La scala minore melodica o bachiana e i suoi accordi

Secondo la scuola classica la scala minore melodica usa suoni differenti a seconda del moto, ascendente o discendente. Nel moto discendente la scala è minore naturale, in quello ascendente il 6° ed il 7° grado sono aumentati di mezzo tono. Noi facciamo invece riferimento alla scala bachiana perché Bach usava la scala minore naturale alterata con il 6° ed il 7° grado aumentato di mezzo tono sia in fase ascendente che in quella discendente. Iniziamo subito con una semplificazione: invece di affrontare la scala minore naturale con il 6° ed il 7° grado alterato prendiamo la scala maggiore e abbassiamo solo il terzo grado che da maggiore diventa minore ed otteniamo lo stesso risultato. Per proseguire con la semplificazione adesso analizzeremo la scala minore melodica o Bachiana di DO. La sequenza dei suoni fondamentali è la seguente:

TONO   ½TONO   TONO   TONO   TONO   TONO   ½TONO

Esempio della scala Bachiana di DO:

1°	2°	3°	4°	5°	6°	7°	8°
DO	RE	MI♭	FA	SOL	LA	SI	DO
TONO	½TONO	TONO	TONO	TONO	TONO	½TONO	

Salta subito all'occhio la forte vicinanza con scala maggiore di DO, il MI, diventa bemolle. Questa scala è l'inizio dell'improvvisazione in particolar mondo nel jazz.

La scala melodica differisce dalla scala maggiore solo per il 3° grado che da quattro semitoni dalla tonica ne dista tre. È sorprendente vedere quanti cambiamenti provochi lo spostamento di un semitono di una sola nota, nella scala sono presenti caratteri melodici e contemporaneamente in queste 7 note coesistono prospettive estreme e tensive. Perché accade tutto questo? Il carattere melodico è determinato dalla sesta e dalla settima che sono maggiori, mentre il sapore tensivo è determinato dalla presenza di porzioni importanti della scala esatonale e della scala diminuita. Dal terzo fino al settimo grado gli intervalli sono tutti di un tono e quindi si tratta di una porzione di scala esatonale. Dal sesto grado fino al terzo grado successivo troviamo una sequenza di Tono semitono Tono semitono ovvero una porzione di scala diminuita. Dalla scala melodica scaturiscono 2 accordi di dominante che risultando tensivi sono fondamentali nel gioco continuo di tensione e risoluzione proprio del jazz.

La visualizzazione della scala sul pentagramma è la seguente:

DO	RE	MI♭	FA	SOL	LA	SI
1°	2°	3°	4°	5°	6°	7°

Fatta la scala andiamo a mettere le terze fino alla 7°.

Ecco la sequenza degli accordi che d'ora in poi li visualizzeremo con le sigle in inglese:

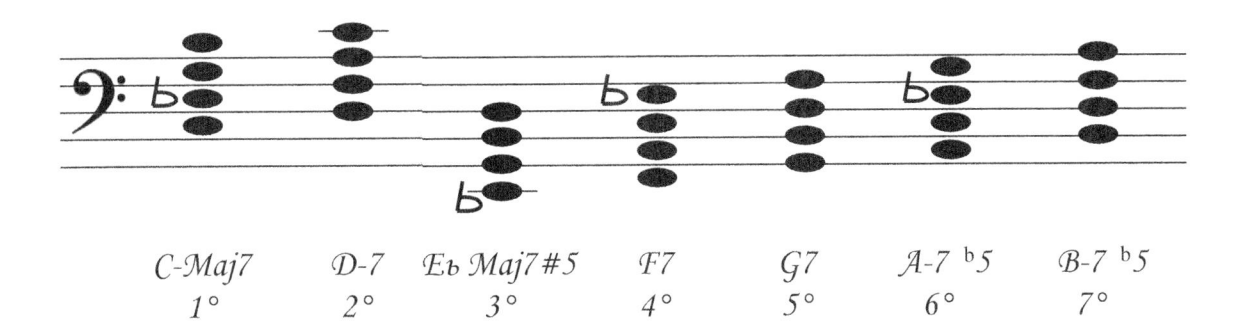

C-Maj7	D-7	E♭ Maj7#5	F7	G7	A-7 ♭5	B-7 ♭5
1°	2°	3°	4°	5°	6°	7°

L'utilizzo della tonalità minore melodica indica un innalzamento del livello che porta inequivocabilmente al jazz ma gli accordi che abbiamo appena ricavato grazie all'utilizzo delle terze fino alle settime non sono sufficienti per un loro normale utilizzo. Se incontriamo accordi semidiminuiti, minori di settima o maggiori con la settima minore noi solitamente li associamo ad accordi appartenenti alla tonalità maggiore e allora ecco le esigenze dell'utilizzo ed esposizione delle ulteriori terze come la nona, l'undicesima e la tredicesima. Sembra complicato invece è l'esatto contrario. Se espongo la nona bemolle ad un accordo minore settima è un'indicazione precisa quasi una richiesta di utilizzare o il modo frigio della tonalità maggiore o il secondo modo di una tonalità melodica; se espongo la undicesima diesis su un accordo maggiore l'indicazione è di utilizzare un modo lidio poi, se la settima dell'accordo è maggiore useremo il modo lidio maggiore, se la settima è minore useremo il lidio della tonalità melodica.

Qui sotto gli accordi della tonalità minore melodica con i colori e le interpretazioni dovute dall'esposizione delle none, undicesime e tredicesime:

Ecco la sequenza degli accordi:

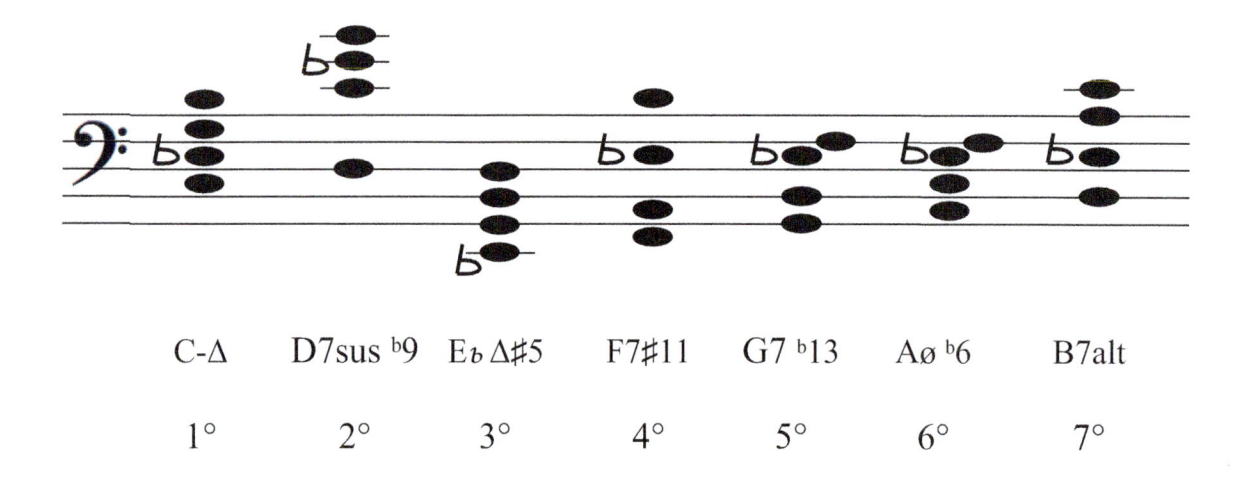

C-Δ	D7sus ♭9	E♭ Δ♯5	F7♯11	G7 ♭13	Aø ♭6	B7alt
1°	2°	3°	4°	5°	6°	7°

Accordo al 1° grado
DO MIb SOL SI   accordo di **C– Maj7** o C-Δ
tonica, terza minore, quinta giusta, settima maggiore

Il primo accordo è minore con la quinta giusta e la settima maggiore, un accordo che nella tonalità maggiore non esiste. Nel percorso che abbiamo fatto fino ad ora è la prima volta che incontriamo questo accordo. Nella tonalità melodica lo troviamo solo in questo grado determinando così un'indicazione totale nell'eventuale calcolo della tonalità. Quando troviamo questo accordo in un componimento, non si tratta di interpretazione bensì un'indicazione di tonalità. Dovessimo trovare un F#-Maj7, la tonalità inconfutabilmente è di FA# minore melodico. (questo accordo è presente anche al primo grado della tonalità minore armonica anche se questo argomento non è trattato in questo manuale)

Accordo al 2° grado
RE DO MIb SOL   accordo di **D7 sus b9**
tonica, settima minore, nona bemolle, undicesima giusta
(terza Minore e quinta sottointese)

Il secondo accordo è un minore con la settima minore. Questo accordo è interessante perché anche nella tonalità maggiore lo troviamo al terzo grado. Questo parallelismo ci introduce un concetto nuovo, inedito ed interessante proprio in funzione dell'improvvisazione in particolar modo in quella jazzistica. Stiamo improvvisando e siamo in fase di assolo: a seguito dei miei calcoli sui centri tonali stiamo applicando il modo frigio della scala maggiore. In presenza di un accordo minore settima e in virtù della nona bemolle ho la libertà di interpretare questo accordo come 2° grado della minore melodica di DO. Tale modulazione darà colore e tensione all'improvvisazione.

Come nel modo frigio della scala maggiore affrontato nel capitolo 17 facciamo ancora riferimento ai jazzisti che spesso usano questo modo su di un accordo omettendo la terza e la quinta in luogo della nona bemolle e della quarta. In questo caso le note dell'accordo sono RE DO MIb e SOL, la terza minore non c'è ma l'accordo suona e risulta comunque minore.

Accordo al 3° grado Accordo Lidio Aumentato

MIb SOL SI RE accordo di **EbMaj7 #5** o **EbΔ #5**
tonica, terza maggiore, quinta aumentata, settima maggiore

*Il terzo accordo è un maggiore con la quinta aumentata e la settima maggiore. Anche questo accordo è per noi inedito, non esiste infatti nella tonalità maggiore e si presenta solo una volta nella tonalità melodica. Questo accordo è un'indicazione precisa della tonalità, un terzo grado della tonalità melodica e spostandoci tre semitoni indietro alla tonica dell'accordo otteniamo così la tonalità. Quest'accordo si chiama **lidio aumentato** perché di aumentata oltre alla quinta, il SI rispetto al MIb, c'è anche la quarta, il LA rispetto al MI bemolle è una quarta aumentata.*

Accordo al 4° grado Lidio di Dominante

FA LA MIb SI accordo di **F7 #11**
tonica, terza maggiore, settima Minore, undicesima aumentata

*Quest'accordo data la terza maggiore e settima minore è accostabile ad un accordo di dominante, calcolando la sua undicesima, e abbiamo già visto come si fa, ne risulta che ha un intervallo di una quarta aumentata rispetto la tonica, ed ecco giustificato il #11 che riporta ad una scala lidia, quindi **lidio di dominante**. La quinta è omessa.*

Accordo al 5° grado Dominante

SOL SI MIb FA accordo di **G7 b13**
tonica, terza maggiore, tredicesima (sesta) bemolle, settima minore

Anche quest'accordo data la terza maggiore e settima minore è accostabile ad un accordo di Dominante. Calcolando la sua tredicesima ne risulta che ha un intervallo rispetto la tonica di una sesta minore. Ecco giustificato il b13. In realtà questo modo è poco usato, infatti un jazzista vede questo accordo utilizza una scala alterata o a toni interi come vedremo più avanti. La quinta è omessa.

Accordo al 6° grado

LA DO MI♭ FA   accordo di **Aø ♭6**

tonica, terza minore, quinta bemolle, sesta bemolle

Questo accordo è quasi identico al settimo grado della tonalità maggiore ne differisce solo per la sua sesta, nella tonalità maggiore la sesta è maggiore, nella tonalità melodica la sesta è minore e questo ne suggerisce la sigla: **Aø ♭6**.

Accordo al 7° grado Dominante Alterato

SI MI♭ LA DO   accordo di **B7alt**

tonica, quarta bemolle, settima minore, nona bemolle

Se consideriamo questo accordo risultante dai contributi di tonica terza quinta e settima avremo SI RE FA e LA che corrispondono a tonica terza minore quinta bemolle e settima minore, l'accordo sarebbe da interpretare come un accordo semidiminuito. Prendiamo in esame le ulteriori terze dopo la settima. La Tonica è SI, la nona è un DO quindi è una ♭9, l'undicesima è il MI♭ che è una quarta diminuita, la tredicesima qualora fosse esposta è un SOL che è una ♭13. Usiamo le funzioni **Enarmoniche**. *Abbiamo già visto in precedenza che un MI# ed un FA suonano allo stesso modo ma risultano essere due cose differenti. In questo accordo facciamo il procedimento inverso: la quarta diminuita dista dalla tonica 4 semitoni, esattamente come una terza maggiore. In questo accordo benché il RE sia la terza minore, la quarta diminuita MI♭ enarmonicamente la consideriamo come la terza maggiore di SI, la quinta la ometto e il LA è la settima minore. Interpreteremo questo come un accordo di Dominante e nel momento in cui abbiamo la presenza di alterazioni della nona dell'undicesima e se fosse esposta anche la tredicesima mettiamo il suffisso Alt perché consideriamo questo accordo di dominante come alterato, in questo caso B7alt. Quando i jazzisti vedono una sigla B7 tendenzialmente lo interpretano come un quinto grado della maggiore e per utilizzare il modo misolidio della tonalità maggiore; se incontrano il suffisso Alt tipo B7Alt possono usare il* **locrio melodico** *anche chiamato il* **superlocrio**. *In realtà questo scambio di interpretazione della quarta diminuita come una terza maggiore è più difficile a dirsi che a farsi. Questo manuale raggiunge la semplificazione per mezzo di schemi. Ad esempio la posizione 1 della figura 23 nella parte inferiore della posizione 1 nelle note della prima corda il primo pallino corrisponde al 7° grado della scala ed il*

3° ed il 4° pallino sono rispettivamente la terza minore e la quarta diminuita della superlocria; guardando lo schema possiamo vedere che la quarta diminuita si trova a quattro semitoni, quindi come fosse una terza maggiore.

La schematizzazione e le posizioni della tonalità minore melodica sono le seguenti in Figura 23:

TONALITA' MINORE MELODICA O BACHIANA

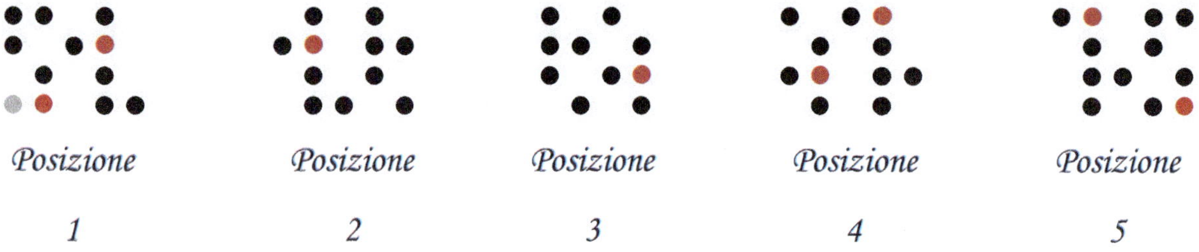

Posizione 1   Posizione 2   Posizione 3   Posizione 4   Posizione 5

Figura 23

L'ALTRO MANUALE DI BASSO

PARTE 3

Suoni e sensazioni

Da adesso in poi prepariamoci a filosofeggiare di più (non che fino ad ora non l'avessimo fatto). Finora abbiamo avuto un approccio fortemente razionale: i postulati delle scale, i gradi, gli accordi e le scale. Abbiamo parlato di matematica, creato un vincolo di coerenza quasi assoluta tra accordi e melodia. In realtà **la musica ha un collegamento diretto con l'anima** *e gli accordi con la melodia hanno un potere, generano emozioni e sensazioni.*

Accordi Maggiori?   FELICITA'

Accordi minori?   TRISTEZZA

Accordi di Dominante   TENSIONE

Suoniamo un LA maggiore e subito dopo un LA minore: il primo esprimerà felicità, il secondo un po' meno.

Facciamo un'altra prova con una chitarra, una tastiera o un pianoforte. Suoniamo un accordo di DO Maggiore e subito dopo la scala maggiore di DO fermandoci sul SI. **Il potere di cui abbiamo parlato prima si esprime nel bisogno indotto di ascoltare la nota DO.** *Ripetiamo l'esercizio fermandoci al SI, aspettiamo un paio di secondi e suoniamo la nota DO.* **Il potere della musica determinerà un senso di appagamento nell'ascolto della nota DO dopo la tensione determinata dalla scala che termina in SI.** *Lo possiamo ascoltare al link 17 a pagina 106.*

La determinazione delle sette note della scala diatonica naturale è il risultato di complesse formule matematiche che hanno a che fare con gli armonici naturali di una corda che vibra. Compreso che le note tutte sono il risultato di calcoli matematici, se eseguo la prova che abbiamo appena fatto della scala maggiore che si ferma al settimo grado che suscita il bisogno di ascoltare l'ottavo, se cambio il punto di partenza dovrò avere lo stesso risultato. Suoniamo un SOL maggiore, eseguiamo la scala maggiore di SOL e fermiamoci al 7° grado che è il FA#: avremo la stessa sensazione di tensione che sarà appagata solo nell'ascoltare la nota fondamentale, il SOL.

Parliamo degli accordi all'interno di una tonalità: abbiamo visto che sono 7, ognuno di essi genera una sensazione particolare, la scala modale che nasce da ogni grado rende più esplicito il colore generato dall'accordo. Per esempio, delle 3 scale modali minori una ha la nona bemolle, le altre 2 hanno le none giuste però di queste due una ha la sesta maggiore l'altra la ha minore. Nonostante queste diversità gli accordi presi ed ascoltati singolarmente, e non immersi in un contesto esprimono sensazioni simili in funzione della loro tipologia. Se ascoltiamo un MI-7 in maniera isolata stiamo ascoltando un accordo minore con la settima minore. Se dopo un po' ascoltassimo sempre in maniera isolata un RE-7 avremo la stessa sensazione, quella di un accordo minore con la settima minore. Se questi due accordi vengono ascoltati insieme in un contesto di una sequenza musicale avremo altre sensazioni. Se su questi due accordi improvvisiamo una melodia utilizzando la stessa scala minore che parte dalle fondamentali dei due accordi ci accorgeremmo che qualcosa non va. Perché? Nell'ascoltare i due accordi minori con la settima minore veniamo immersi direttamente nel contesto che questi due accordi esprimono. Con questi due accordi in sequenza si crea una aspettativa di ascolto e se dovessimo suonare il modo frigio o il modo dorico su entrambi gli accordi avvertiremmo una sensazione di disagio che porterebbe a dire che c'è qualcosa che non va. Al contrario se con questi due accordi usassimo il modo frigio sul MI-7 e il dorico sul RE-7 ovvero se eseguissimo la scala maggiore di DO, sentirei un senso di giustezza e normalità perché il contesto che questi due accordi suscitano insieme è coerente con quello della scala maggiore del loro centro tonale, il DO maggiore.

I sette accordi che nascono dai sette gradi della tonalità esprimono il contesto generale della tonalità. Ascoltiamoli in sequenza nella prima parte del video che parte per mezzo del link 11 a pagina 100. All'inizio del link troviamo la sequenza completa della tonalità maggiore di DO, dal 1° all'8° grado.

Gli accordi della tonalità si possono dividere in 3 gruppi per assonanza di sensazioni espresse e percepite:

ACCORDI DI PREPARAZIONE	II e IV grado

ACCORDI DI TENSIONE	V e VII grado

ACCORDI DI RISOLUZIONE	I, III e VI grado

Le sostituzioni

sostituzione diatonica

Nei film generalmente nasce un senso di vicinanza verso il protagonista ovvero le sensazioni sono in qualche maniera guidate. In musica le sensazioni suscitate dalle sequenze di accordi generalmente sono comuni alla moltitudine e generalmente non sono pilotabili.

Penso non possa esistere una persona che interpreti un accordo maggiore come tristezza a dispetto di un accordo minore come felicità. Al contrario, tutti interpretano come felice un accordo maggiore e se lo stesso viene ascoltato in minore la sensazione suscitata è sicuramente di meno felicità. Alcuni accordi all'interno di una tonalità tra loro sono assonanti e possono essere classificati in relazione alla simile sensazione che provocano.

Un musicista può conferire un'altra esperienza ad un brano musicale e per immettere altri colori può utilizzare la tecnica della **sostituzione degli accordi**. *Una prima maniera di sostituzione degli accordi è quella della* **sostituzione diatonica** *ovvero* **una sostituzione con un altro accordo all'interno della stessa tonalità.** *Parliamo della tonalità di DO maggiore.*

accordi di risoluzione

I grado	C Maj7	DO MI SOL SI
III grado	E-7	MI SOL SI RE
VI grado	A-7	LA DO MI SOL

L'accordo del 1° grado della tonalità, dà il senso della tonalità stessa. Il III ed il VI grado hanno in comune con il I 3 suoni su 4,

(Puoi notare nello specchietto qui sopra che il C Maj7 ha in comune con l'E-7 le note MI SOL e SI mentre con l'A-7, il C Maj7 ha in comune le note DO MI e SOL)

In virtu' di ciò il C Maj7 può essere sostituito con l'E-7 o con l'A-7, sono praticamente intercambiabili senza particolari stravolgimenti. In una sequenza di accordi come:

DO   LA-   FA   SOL

*il DO può essere sostituito con MI- senza fare particolari danni. Ovviamente il DO maggiore ed il MI minore sono accordi differenti e provocano sensazioni differenti, ma sono particolarmente assonanti e vicini. La sostituzione è del tipo **diatonica** ed in questo caso è anche una sostituzione all'interno dello stesso gruppo.*

accordi di tensione

V grado	SOL7	SOL SI RE FA
VII grado	SIø	SI RE FA LA

*Anche per questi due accordi vale la possibilità della sostituzione diatonica, ci sono 3 suoni in comune su 4. Ma in maniera più importante, assolutamente fantastica, è che in questi due accordi troviamo il **tritono**. L'inizio del viaggio è il tritono, un intervallo di 3 toni che si trova tra il SI ed il FA. Nell'accordo di Dominante il tritono si trova tra il 3° ed il 7° grado dell'accordo, nell'accordo del VII grado si trova tra il 1° ed il 5° grado.*

Del tritono ne parleremo ampiamente più avanti perché questo intervallo giustifica tutto il viaggio futuro. La cosa fondamentale è che questo intervallo genera la sensazione di tensione, di trasporto. Comunemente questo intervallo nell'accordo di dominante, V grado della tonalità, genera il bisogno di una risoluzione verso il suo quarto grado, nel caso di DO maggiore il G7 spinge verso il C Maj7, ovvero l'accordo di dominante crea una tensione che trova sollievo con la risoluzione verso un accordo ad una quarta sopra, da SOL a DO.

accordi di preparazione

II grado	RE7	RE FA LA DO
IV grado	FA	FA LA DO MI

Anche per questi due accordi vale la possibilità della sostituzione diatonica perché ci sono 3 suoni in comune su 4.

cadenze

Ogni accordo ha ragione di esistere in funzione del significato che il compositore gli vuole dare ma è innegabile che il 5° grado genera una sensazione di tensione e trasporto, ed il 1° grado genera una sensazione di soddisfazione e appagamento. Va da sé che nel gruppo di preparazione si trovino accordi che veicolano in maniera morbida la tensione verso l'appagamento dell'accordo alla Tonica.

Abbiamo appena introdotto l'utilizzo degli accordi per veicolare le sensazioni. Un film o un libro avrà sempre un'introduzione, uno svolgimento ed un finale. La conclusione sarà felice o tragica ma sempre soluzione sarà. Generalmente un componimento musicale termina con un accordo di risoluzione. Generalmente le sensazioni vengono veicolate per mezzo delle **cadenze**. *Possono essere lunghe o corte. Le cadenze sono una sequenza di accordi che determinano un andamento, la loro funzione è quella di determinare la tonalità, anche per mezzo di fuoriuscite temporanee. Le cadenze più corte sono V – I, in DO Maggiore, gli accordi sono G7 – C Maj7 (dominante - tonica), oppure VII – I, Bø – C Maj7 (sensibile – tonica).*

Ecco una serie di cadenze:

V - I	G / C
VII - I	Bø / C
II - V - I	D- / G / C
I - VI - IV - V - I	C / A- / F / G / C

Le cadenze sono tante. I componimenti musicali sono una maniera di concatenare e veicolare sensazioni generate da sequenze di cadenze.

sostituzioni cromatiche

Appreso che è possibile la sostituzione di accordi all'interno della stessa tonalità per mezzo dei gruppi diatonici aggiungiamo un po' di pepe. Esiste la possibilità di fare sostituzioni per mezzo di suoni esterni alla tonalità che stiamo praticando. D'altronde la vita è fatta di sicurezze ma anche di rischi. Quando inseriamo note, accordi, frasi o suoni esterni alla scala residente, pratichiamo **sostituzioni cromatiche**. Questo è l'inizio del viaggio alternativo. Da bambini gli ascolti musicali sono semplici del tipo "Nella vecchia fattoria" e "Il coccodrillo come fa?" È musica rassicurante, estremamente tonica rilassata nessuno stress. Poi si cresce e si ascolta il blues ed il jazz. La blue note è una quinta bemolle, è fuori la tonalità, la vita si complica, ma anche gli ascolti si complicano, e se fai musica senti il bisogno di complicare le cose.

accordi di dominante secondarie

Affrontiamo adesso gli accordi di dominante secondarie prima di sviscerare il mondo degli accordi di dominante. In questo manuale abbiamo già incontrato gli accordi di dominante, facciamo un piccolo riepilogo: si tratta di un accordo maggiore, la quinta è giusta e la settima è minore. Si trova al quinto grado della tonalità maggiore, su questo grado nasce il modo misolidio, e abbiamo visto che in maniera diatonica, ovvero in un sistema coerente fatto di sette suoni, è all'interno del gruppo degli accordi di tensione. Sembrerebbe che dell'accordo di dominante si sia detto tutto, in realtà no perché ci sono altre cose realmente interessanti ma ne parleremo in seguito. Abbiamo già detto che la cadenza perfetta è il passaggio V – I, nel caso del DO Maggiore, da G7 a C Maj7. Abbiamo anche anticipato che il tritono presente nell'accodo di dominante è l'elemento che crea la tensione che trova risoluzione con il passaggio alla sua quarta. In maniera più generale, **tutti gli accordi possono essere anticipati da un accordo di dominante costruito una quinta sopra** (una quinta sopra vuol dire che, nel caso della tonalità di DO maggiore, un accordo di DO maggiore può essere anticipato dalla sua dominante una quinta sopra, ovvero G7, accordo di dominante che risolve alla sua quarta, il C Maj7).

Facciamo un esempio, nel link 11 al codice QR possiamo fare l'ascolto:

1°	2°	3°	4°	5°	6°	7°	8°
C Maj7	D-7	E-7	F Maj7	G7	A-7	B ø	C Maj7
	A7	B7	C7	D7	E7	F#7	G7

Qui sopra nella prima riga abbiamo una sequenza di 8 accordi, sono gli accordi della tonalità di DO maggiore, tutti gli accordi della tonalità li possiamo far anticipare dall'accordo di dominante costruiti una quinta sopra l'accordo di arrivo, questi anticipi risultano assonanti ed efficaci, questi accordi di anticipo sono chiamati **accordi di dominante secondarie**. Ascolta il Link 11.

LINK 11

Facciamo un altro esempio, prendiamo la sequenza II – V – I

a questa sequenza, ci mettiamo un po' di pepe, facciamo questa sequenza in tonalità di DO maggiore:

D-7 - G7 - C Maj7

1 misura per il D-7, 1 misura per il G7 e 2 misure per il C Maj7. Ora andiamo con il pepe. All'ultima misura facciamo una sostituzione cromatica, al posto del C Maj7 operiamo una sostituzione con la sottodominante del 1° accordo della sequenza. Il 1° accordo della sequenza è il D-7, quindi l'ultima misura di C Maj7 lo sostituiamo con un accordo A7:

D-7 - G7 - C Maj7 - A7

Ascoltiamo la sequenza nel link 12. Senza accorgercene abbiamo fatto il primo passo del viaggio verso l'infinito promesso. Facciamo l'analisi, la sequenza II - V - I, si svolge in DO maggiore, ogni nota degli accordi fanno parte della scala maggiore di DO, siamo in totale assenza di diesis o bemolle, in nessun accordo della tonalità esiste

LINK 12

un diesis o bemolle, nell'ascolto della sequenza degli accordi con la sottodominante di A7 non percepiamo nessuna stranezza, l'A7 è assonante, efficacemente normale. L'A7 ha come tonica il LA, la terza è maggiore ed è DO#, la quinta è giusta ed è il MI, la settima è minore ed è SOL. Abbiamo trovato per la prima volta un'assonanza con un diesis, quello della terza maggiore del LA che è il DO#. Il DO# è fuori dalla tonalità di DO, ma c'è stato utile per introdurre il D-7. Quindi eravamo in tonalità di DO per i primi 3 accordi e all'ultima misura del giro abbiamo creato una tensione, siamo usciti temporaneamente dal DO con la nota DO# contenuta nella dominante di D-7 che è A7, questa tensione ci ha rilanciato direttamente nella tonalità di DO Maggiore con il suo 2° grado D-7 che è il primo accordo della sequenza.

Abbiamo fatto la prima uscita dalla tonalità, il primo passo dell'esperienza delle sostituzioni, delle uscite veloci per rientrare.

Accordo di dominante ed il tritono

Nel paragrafo precedente abbiamo riepilogato tutte le caratteristiche dell'accordo di dominante. Riprendo la caratteristica principale che l'avevo anticipato quando ho parlato del gruppo di accordi di tensione, la tensione è generata dal tritono che si viene a formare tra il 3° ed il 7° grado dell'accordo. Facciamo l'esempio del G7, che è il 5° grado della tonalità di DO maggiore. La terza è SI e la settima è FA. Tra il SI e il FA ci sono 6 semitoni, ovvero i famigerati 3 toni. Figura 25.

Ricordiamo che anche nell'accordo sensibile, quello del 7° grado della tonalità, esiste il tritono. L'accordo sensibile della tonalità di DO è il B∅. Le note sono: tonica SI, terza minore RE, la quinta è bemolle FA, è la settima è minore che è LA. Il tritono esiste tra la tonica e la quinta che è bemolle il FA. Tra il SI ed il FA abbiamo i 6 semitoni.

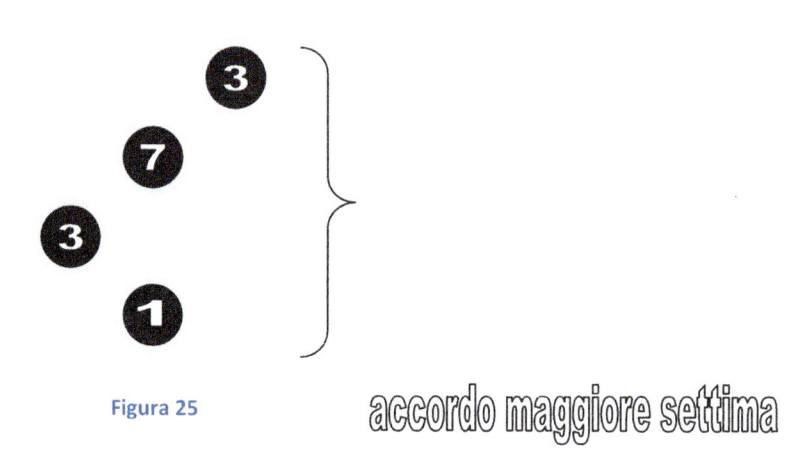

Figura 25

accordo maggiore settima

LINK 13

In figura 25 vediamo lo schema sulla tastiera dell'accordo di dominante con la quinta omessa. Possiamo notare facilmente che tra la terza e la settima, e, tra la settima e la terza un'ottava sopra, ci sono i 3 toni che possono essere visti come l'intervallo di quinta bemolle, o di quarta aumentata. Sentiamo come suonano queste 2 note nel link 13. Si tratta di un suono tensivo, instabile. Questo intervallo divide esattamente a metà l'ottava. In antichità questo intervallo era considerato come opera del demonio e non si poteva suonare. Perché? Non è definibile la prospettiva se vista dall'alto come quinta bemolle o dal basso come quarta aumentata. Se ascoltiamo una tonica con una sua terza Maggiore o minore, l'interpretazione è diretta, immediata, si sente una tonica colorata da una terza, maggiore o minore. Se sentiamo un DO ed un SOL insieme, l'interpretazione della maggior parte degli ascoltatori è quella che stiamo sentendo un bicordo di DO fatta da tonica e quinta. La quinta bemolle non è definibile in relazione alla tonica, l'orecchio umano non riesce a capire se si tratti di una nota ascendente o discendente, non riesce a percepire la direzione, la sua prospettiva è instabile. La quinta bemolle con la settima genera il paradosso del tritono. È opera del diavolo dicevano gli antichi.

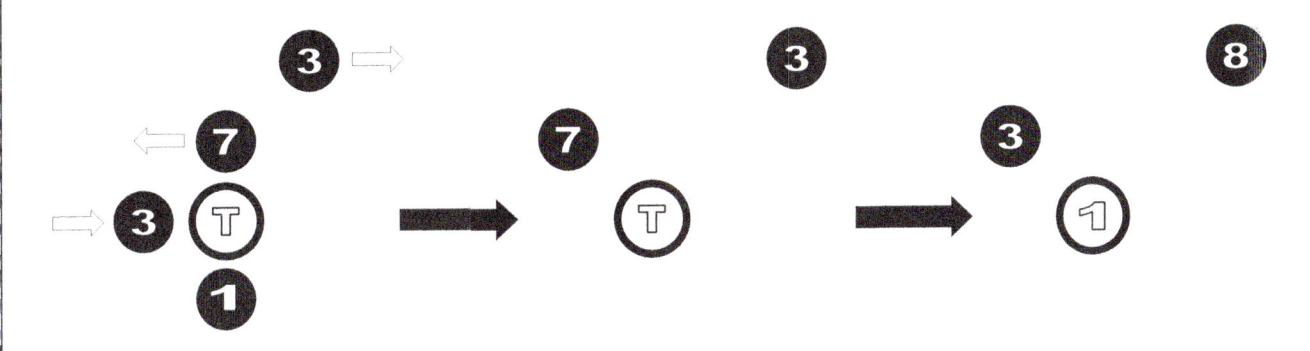

Figura 26

In figura 26 viene riportato l'accordo della figura 25, per quanto riguarda gli intervalli noi oramai siamo diventati esperti. L'accordo che vediamo ha la terza maggiore e la settima minore, si tratta di un accordo di dominante e ricopre il 5° grado della tonalità maggiore. Il cerchietto con la T indica la posizione della tonica della tonalità generale rispetto l'accordo di dominante, difatti l'accordo al primo grado della tonalità si trova a una quarta sopra. La tensione della dominante si esprime per colpa del tritono che si trova tra la terza e la settima, perché, come è illustrato in figura 26, la terza spinge e sale di mezzo tono e la settima spinge per scendere di mezzo tono diventando rispettivamente tonica e terza maggiore dell'accordo T quello che ricopre il primo grado della tonalità esattamente una quarta sopra la fondamentale dell'accordo di dominante. Riascoltiamo il passaggio per mezzo link 14 del codice QR.

LINK 14

Sostituzione dell'accordo di dominante

Nella modernità il tritono è un intervallo che dà origine ad un mondo nascosto, ci permette di operare sostituzioni, evidenti o nascoste o presunte.

Abbiamo iniziato il giuoco delle sostituzioni nel capitolo precedente, abbiamo visto che diatonicamente possiamo sostituire l'accordo di dominate con l'accordo sensibile, quello posto al settimo grado della tonalità maggiore. Abbiamo visto che ogni accordo può essere anticipato con la propria dominante.

Nel passato studiosi e compositori hanno fatto prove e tentativi di modificare la musica per vedere cosa succedeva. Una di questi tentativi è stato la sostituzione di un accordo di dominante con un altro accordo di dominante costruito a distanza di un tritono ovvero a distanza di una quarta aumentata. Vediamo come:

Siamo in tonalità di DO maggiore, l'accordo di dominante è il G7 ed è formato rispettivamente da:

TONICA	SOL
TERZA	SI
QUINTA	RE
SETTIMA	FA

Dal SOL andiamo alla distanza di un tritono, ad una quarta aumentata, DO#. Su questo DO# costruiamo un accordo di dominante:

TONICA	DO#	
TERZA	MI#	FA
QUINTA	SOL#	
SETTIMA	SI	

L'accordo risultante è un DO#7. Per semplicità, chiamiamo il MI#, FA, enarmonicamente si può fare. Notiamo che rispetto le note del G7, nel C#7 2 note su 4 coincidono, sono il SI ed il FA che sul G7 sono rispettivamente terza e settima e sul C#7 sono il contrario, settima e terza.

Prendiamo la sequenza II - V - I di DO maggiore:

D-7 - G7 - C Maj7

Facciamo la sostituzione al tritono dell'accordo di dominante:

D-7 - C#7 - C Maj7

Questo movimento ascoltiamolo al link 15 del codice QR. L'andamento dello spostamento delle sensazioni risulta ancora più accompagnato, ribadiamo che tra G7 e C#7 coincidono il SI ed il FA, queste due note sono a distanza di un tritono, la sensazione di accompagnamento è generata dalla discesa cromatica delle toniche dei tre accordi, RE - DO# - DO, il DO# è fuori dalla scala di DO maggiore ma il cromatismo ci giustifica il movimento. Rimane fuori solo il SOL# che è la quinta del C#7. In questo movimento di tensioni, il SOL# lo possiamo intendere come una nota che tira verso la quinta dell'accordo di arrivo che è il DO Maggiore che è il SOL, quindi questo SOL# tira verso il SOL. Riascoltiamo il link 15 e sentiamo le sensazioni e le tensioni, coincide tutto.

Mettiamoci anche che spesso i chitarristi nel jazz e nel blues prendono gli accordi di dominante suonando la tonica, la terza, la settima e la nona, spesso e volentieri omettono la quinta. In questa maniera abbiamo un sistema perfetto.

Dovessimo fare questa prova per le sequenze II V I di tutte le tonalità possibili otterremmo gli stessi risultati.

Liberta' di alterare

Guardiamola da un'altra prospettiva. Con l'accordo di dominante e l'accordo sensibile abbiamo scoperto che queste forze creano aspettative e tensioni. Tale potere è determinato dall'intervallo di tritono. Ascoltiamo il link 16.

LINK 16   *Nei secoli i compositori hanno studiato diverse maniere per gestire le tensioni in musica. Nei loro tentativi hanno provato a cambiare le note nell'accordo studiando gli effetti armonici e tensivi. Alterando l'accordo di dominante diminuendo di mezzo tono il quinto grado, nel caso della tonalità di DO maggiore, l'accordo di dominante è il SOL7 si trasforma nel seguente accordo:*

TONICA	SOL	
TERZA	SI	
QUINTA	RE	⟶ REb
SETTIMA	FA	

Il compositore che ha operato questa modifica ha ottenuto il risultato di fortificare la tensione del tritono tra SI e FA perché ha ottenuto un altro tritono, quello tra il SOL ed il REb che spinge nella stessa direzione. Ha imposto un'alterazione che ha raddoppiato l'effetto.

Ascoltiamo il link 17 al codice QR. Suonando la scala maggiore dal DO al SI creiamo una tensione perché rimaniamo sospesi al SI e sentiamo il bisogno di ascoltare il DO. Nel tritono SI e FA, tra il 3° ed il 7° grado dell'accordo di Dominante, la terza SI tende al DO, e la settima FA tende al MI, ascoltiamolo il link 17. Le risoluzioni sono rispettivamente DO e MI che sono tonica e terza maggiore di DO maggiore. Quindi il tritono contenuto nel SOL7 risolve verso il DO maggiore perché il SOL7 spinge verso la sua quarta.

LINK 17

A seguito dell'alterazione in bemolle della 5° dell'accordo di dominante G7, il REb si è creato un tritono tra la tonica SOL e la quinta bemolle REb. La tensione si risolve perché il SOL rimane dov'è, SOL, e il REb che si abbassa di mezzo tono andando al DO, ascoltiamolo nel link 17. La risoluzione sono DO e SOL, che sono rispettivamente tonica e quinta di DO maggiore

Siamo partiti dall'accordo di dominante di SOL7, abbiamo cercato una maniera di rafforzare la tensione del tritono che porta verso il DO maggiore alterando con un bemolle la quinta del SOL7. In questa maniera abbiamo creato un altro tritono all'interno del SOL7 che spinge sempre verso il DO maggiore. Il risultato di un'alterazione sugli accordi di dominante è quella di aver raddoppiato la forza, la spinta tensiva verso l'accordo alla sua quarta, il DO maggiore. Questa è una regola generale, **tutti gli accordi di dominante spingono verso la loro quarta. Gli accordi di dominante se alterati con un bemolle alla loro quinta raddoppiano la spinta tensiva perché in tutti nasce un secondo tritono.**

Andando a fare la sostituzione al tritono con un accordo di pari caratteristiche a distanza di un tritono dalla tonica notiamo che l'accordo risultante ha le stesse note dell'accordo di partenza, quattro note su quattro ovviamente con disposizione differente. La sostituzione tra questi due accordi trova il 100% di compatibilità. Vediamo:

TONICA	SOL
TERZA	SI
QUINTA	REb
SETTIMA	FA

Andiamo a distanza di un tritono della tonica e costruiamo un accordo di dominante con la quinta bemolle:

TONICA	REb
TERZA	FA
QUINTA	LAbb
SETTIMA	DOb

Facciamoci aiutare dalle funzioni enarmoniche, il LAbb (doppio bemolle) esce fuori dal fatto che la quinta giusta di REb è il LAb, l'accordo di pari caratteristiche contemplava l'alterazione del bemolle alla quinta; quindi, dobbiamo aggiungere un altro bemolle al LAb, otteniamo così il LAbb che enarmonicamente è SOL. Alla settima abbiamo il DOb che enarmonicamente è SI.

Il risultato è il seguente:

TONICA	REb	
TERZA	FA	
QUINTA	SOL	
SETTIMA	SI	*Esattamente le stesse note del SOL7.*

Questa è la dimostrazione della possibilità di sostituire in maniera assoluta gli accordi di Dominante con la quinta alterata con un bemolle a distanza di un tritono tra le toniche. Se poi ci rifacciamo alla caratteristica dei chitarristi blues e jazz del modo di suonare gli accordi di dominante omettendo la quinta nell'accordo, avremo molte possibilità nell'improvvisazione.

Abbiamo appena dimostrato la sostituzione di tritono dell'accordo di Dominante con la quinta giusta e con la quinta bemolle. L'approccio delle due maniere è compatibile in particolar modo se non esprimiamo la quinta.

Ma noi cosa stiamo facendo? Ci stiamo allontanando da tutta la razionalità che abbiamo utilizzato prima dell'avvento di questo capitolo. Adesso stiamo parlando di sensazioni, di colori. Se utilizziamo queste nozioni per improvvisare un assolo dobbiamo considerare una cosa molto importante. Suonando una nota suscitiamo sensazioni diverse se utilizziamo questa nota su un registro basso piuttosto che su un registro alto. I registri bassi hanno la caratteristica di dare indicazione di qual è la tonica dell'accordo. Improvvisando con la chitarra e fermandoci su una nota di registro basso che dista un semitono dalla nota bassa fatta dal basso piuttosto che dal pianoforte, rischiamo di fare battimenti e creare confusione sulla comprensione dell'armonia. La stessa situazione su un registro alto è interpretata come un colore, un abbellimento.

Ci siamo permessi di operare forzature armoniche per mezzo dell'inserimento di alterazioni per rafforzare delle tensioni, per guidare delle sensazioni: il fine giustifica i mezzi. Adesso dobbiamo allontanarci dalla super razionalità del tono o del semitono. L'inserimento di un'alterazione come le due appena descritte ci serve per dare colori, l'utilizzo o meno della quinta bemolle nella sostituzione di tritono nell'accordo di dominante serve per cambiare il colore e la sensazione, non il contesto generale. È meglio utilizzare una maniera o l'altra. La risposta non c'è, è il musicista che prende una strada e dà il colore che si sente di dare.

Bisogna tenere sempre l'attenzione alta. Lo spostamento di un semitono ad una quinta o ad una nona cambia un colore, il cambiamento del SI in SIb della scala di DO maggiore cambia comunque una tonalità intera, da DO a FA maggiore.

Armonia diminuita

Ora siamo alla ricerca di modi per spostare le tensioni. Sempre da esperienze fatte dai compositori del passato si è notato che se prendiamo l'accordo di Dominante non alterato e decidiamo di alterare la tonica aumentandola di un semitono succede una cosa interessante. Ma prima di tutto, possiamo spostare la nota della tonica? Stiamo parlando dell'accordo di dominante. Sembra strano ma in questo accordo, il tritono tra il 3° ed il 7° grado è più importante della tonica stessa. In precedenza abbiamo omesso delle note, è capitato per la quinta. Possiamo omettere anche la tonica, darla per sottointesa, perché l'indicazione della tonica è data dal contesto generale nel quale mi sto movendo. In una sequenza di accordi guidiamo le sensazioni con una cadenza, e quando arriviamo all'accordo di dominante possiamo suonare solo il tritono, è sufficiente per guidare le sensazioni con una tensione che porta alla quarta, la tonica è presunta, non suonata, e si capisce perché abbiamo suonato la terza e la settima. Non suonando la tonica e la tensione espressa dal tritono rimane invariata. Ascoltiamolo il Link 18.

LINK 18

Proviamo a suonare la tonica aumentata. Andiamo a vedere l'accordo, che in realtà accordo non è:

TONICA	SOL	diventa	LAb
TERZA	SI		
QUINTA	RE		
SETTIMA	FA		

Il risultato sono LAb - SI - RE - FA, te lo dico io, queste 4 note hanno la caratteristica che a rotazione tra loro c'è sempre un intervallo di 3 semitoni, sono tutte terze minori concatenate all'infinito. Facciamo riferimento al nostro studio degli intervalli, tra il LAb ed il SI (sarebbe più corretto dire tra il SOL# ed il SI) c'è una terza minore. Tra il LAb ed il RE abbiamo una quinta diminuita, infine tra il LAb ed il FA abbiamo un intervallo più basso di un semitono della settima minore, **questa settima si chiama diminuita. Questo accordo si chiama LAb diminuito.**

Ma perché questo accordo non è un accordo? Come si fa a dire qual è la tonica o la terza, o la quinta o la settima se tutti i suoni in sequenza tra loro sono perfettamente equidistanti perché separati da distanze fisse ed infinite di terze minori? In virtù di ciò facciamo un gioco prendiamo la prima sequenza:

LAb   SI   RE   FA

Prendiamo la stessa sequenza e facciamola partire dal SI

SI   RE   FA   LAb

Prendiamo la stessa sequenza e facciamola partire dal RE

RE   FA   LAb   SI

Prendiamo la stessa sequenza e facciamola partire dal FA

FA   LAb   SI   RE

Questa è la prova provata che gli accordi diminuiti sono perfettamente sostituibili tra loro. Ascoltiamoli al link 19.

Uniamo queste note dell'accordo diminuito con delle note di passaggio e diamo vita all'armonia della scala diminuita. Le scale diminuite sono di due tipologie, l'alternanza di un Semitono e di un Tono, e l'alternanza di un Tono e di un Semitono.

LINK 19

In effetti la scala è la stessa, cambia solo la partenza. Come l'accordo diminuito è un accordo che ha i suoni equidistanti, anche i suoni delle scale sono equidistanti, ne fa che le scale possibili sono solo 2, non c'è una partenza e non c'è un arrivo.

Scala diminuita Semitono/Tono

Vediamo quali note sono impegnate nella scala semi/tono:

G   Ab   Bb   B   C#   D   E   F

½T   T   ½T   T   ½T   T   ½T

Se analizziamo i gradi notiamo che i suoni sono 8 (la scala è ottotonica), inoltre il Sol è la tonica, la quarta enarmonicamente può essere intesa come una terza maggiore, la sesta enarmonicamente è una quinta giusta, e l'ottava enarmonicamente è una settima minore. Questa scala può essere usata su un accordo di dominante, poi grazie al secondo grado che è una nona bemolle all'accordo di dominante lo possiamo corredare della ♭9, l'accordo che può fare da base a questa scala può essere G7 ♭9, ascoltiamolo nel link 20.

Scala diminuita Tono/Semitono

Vediamo quali note sono impegnate nella scala tono/semitono:

A♭	B♭	B	C#	D	E	F	G
T	½T	T	½T	T	½T	T	

*Data l'alternanza di tono e semitono l'accordo più appropriato di questa scala è l'accordo diminuito, LA♭ Tonica, SI terza minore, RE quinta bemolle e FA come settima diminuita (la settima diminuita ha un semitono in meno rispetto la settima minore). Quindi l'accordo più appropriato su questa scala è l'**A♭ diminuito** che si può scrivere anche con la sigla **A♭°**.*

Ascoltiamo il Link 21.

Accordo aumentato

Andiamo avanti con l'esperienza della libertà di alterare gli accordi. In analogia all'accordo diminuito, un altro modo per creare tensioni è quello di prendere l'accordo di dominante, togliere la settima ed aumentare la quinta di un semitono. Esce fuori un accordo a tre voci secche. Vediamo l'esempio del SOL7:

TONICA	SOL
TERZA	SI
QUINTA	RE
SETTIMA	FA

Operiamo le modifiche, la quinta diventa aumentata e la settima sparisce:

TONICA	SOL
TERZA	SI
QUINTA	RE#

Cosa è successo? Ascoltiamo il link 22. Intanto sentiamo che la tensione del dell'accordo di dominante di SOL si accentua nella stessa direzione, e trova sfogo nella risoluzione suonando il DO maggiore. Quindi, troviamo giustezza dell'operazione dell'alterazione, perché il risultato è lo stesso, ovvero quello di risolvere all'accordo posto ad una quarta superiore. Andiamo a vedere gli intervalli nella triade dell'accordo aumentato. SOL SI e RE# sono una concatenazione infinita di intervalli di terza maggiore.

Esattamente come l'accordo diminuito, se rivoltiamo questo accordo escono fuori altri due accordi che suonano uguali con la stessa tensione e che sono intercambiabili tra di loro:

SOL - SI - RE#

Prendiamo la stessa sequenza e facciamola partire dal SI

SI - RE# - SOL

Prendiamo la stessa sequenza e facciamola partire dal RE#

RE# - SOL - SI

Ascoltiamo il link 23. Nel primo rivolto:

SOL - SI - RE#

La tensione verso il DO maggiore è creata dal SI che tende al DO, tonica del DO, ed il RE# che tende al MI che è la terza maggiore del DO. Il RE# è talmente a metà fra RE e MI, che in presenza di questa alterazione, la sensazione di risoluzione trova lo stesso appagamento sia se si risolve in DO maggiore, sia se si ritorna in SOL7. Ascoltalo nel link 23.

In realtà, Il DO maggiore non è l'unica possibilità di risoluzione dell'accordo aumentato. Abbiamo visto che l'accordo aumentato può essere sostituito con altri accordi aumentati se la loro tonica è a distanza di un intervallo di terza maggiore, 2 toni. Nel caso del SOL5+, le sostituzioni possibili sono SI5+ e RE#5+. Ognuno di questi accordi risolve verso la propria quarta superiore. Quindi tornado al SOL5+, le risoluzioni possibili sono anche le quarte dei suoi rivolti. E quindi il MI (maggiore o minore) come quarta del SI5+ e SOL# (maggiore o minore) come quarta del RE#5+. Ascoltiamo le risoluzioni nel link 24.

La risoluzione deve essere fatta verso un accordo posta alla quarta dell'accordo alterato. Per l'accordo di risoluzione è accettato anche un accordo minore. Ascoltiamolo il link 25.

Accordo di dominante alterato

Siamo nel capitolo delle descrizioni degli accordi instabili, gli accordi di dominante, gli accordi aumentati i diminuiti, tutti accordi che tendono da un'altra parte, tensioni che cercano una risoluzione, tensioni con sapori differenti. L'accordo di dominante alterato lo abbiamo già incontrato al settimo grado della tonalità minore melodica nel capitolo 19.

Il modo più appropriato per improvvisare su questo accordo è il locrio della minore melodica, che è chiamato anche il **modo superlocrio**. Il modo superlocrio ha la nona bemolle, la terza è minore, la quarta diminuita che enarmonicamente suona come la terza maggiore, la quinta è bemolle, la settima minore, l'undicesima è bemolle, e la tredicesima è bemolle.

Scala esatonale

La scala esatonale è una scala che si muove per toni interi, facciamo un esempio con la scala esatonale che parte da SOL:

G	A	B	C#	D#	E#(F)	G
T	T	T	T	T	T	

Questa è una scala con sei suoni. Andiamo a farne un'analisi. Il SOL è la Tonica, il SI è la terza Maggiore, e il RE# può essere inteso come una quinta aumentata ed il F può essere considerato come una settima minore. Quindi l'accordo più appropriato su questa scala è il G7 #5. Ascoltiamo il Link 26.

LINK 26

Rappresentazione grafiche delle tonalita'

Ora diamo libero sfogo alle rappresentazioni grafiche, partiamo con riepilogare le diteggiature delle tonalità che abbiamo studiato:

TONALITA' MAGGIORE

Posizione 1   Posizione 2   Posizione 3   Posizione 4   Posizione 5

TONALITA' MINORE MELODICA O BACHIANA

Posizione 1   Posizione 2   Posizione 3   Posizione 4   Posizione 5

SCALA DIMINUITA

Semitono Tono

posizione

UNICA

Tono Semitono

posizione

UNICA

SCALA ESATONALE

posizione

UNICA

Riepilogo in base degli accordi

*Siamo arrivati alla fine di questo manuale, abbiamo fatto un percorso lungo ed importante. È arrivato il momento tirare le somme e di giungere al reale scopo di tutto questo lavoro. Facciamo riferimento all'analisi orizzontale e a quella verticale che ho affrontato alla prefazione, se stiamo affrontando musica leggera e siamo di fronte ad accordi apparentemente semplici fatti da tonica terza e quinta, abbiamo bisogno di più accordi per capire la tonalità. Abbiamo studiato che per mezzo di indizi possiamo determinare la tonalità di una sequenza di accordi, abbiamo visto che se siamo di fronte ad un FA maggiore abbiamo tre possibilità, quindi abbiamo delle difficoltà, superabili, ma ci sono, ma, le abbiamo sviscerate ed affrontate. Abbiamo visto che nello studio della tonalità maggiore con l'utilizzo solo della tonica terza e quinta, al settimo grado abbiamo un'unicità, quello dell'accordo semidiminuito, è un'indicazione precisa di tonalità, un semitono avanti e abbiamo il risultato. Sarebbe comodo avere la stessa comodità anche per gli altri accordi, ed ecco che ci vengono in aiuto le settime, le none, le undicesime e le tredicesime. Così, quello che apparentemente sono degli accordi difficili e complicati **in realtà sono delle facilitazioni**. Questo manuale ha la pretesa di usare gli schemi per semplificare, facciamo un esempio:*

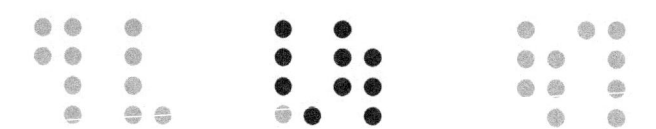

*La scala al centro, quella con i pallini neri, l'abbiamo vista quando abbiamo studiato la scala maggiore, e dobbiamo fare riferimento ad un capitolo fondamentale del manuale, il capitolo 15 quello degli intervalli, guardiamo lo schema, il primo pallino dal basso è il primo grado della scala, dell'accordo e del modo. Facciamo ora le considerazioni, solo guardando lo schema, e sono: **che la nona è maggiore, la terza è maggiore, la quarta è aumentata, la quinta è giusta, la sesta è maggiore e la settima è maggiore**, tutte queste informazioni solo guardando lo schema della scala. Quindi l'accordo che nasce è un Maggiore, le eventuali estensioni che sono la nona maggiore, quarta o undicesima aumentata e la settima è maggiore. Quindi, quando suono un brano e trovo la sigla G∆ #4, capisco che devo puntare un SOL sulla tastiera del basso in prima corda e devo applicare lo schema.*

Qui di seguito abbiamo un riepilogo di tutte le tipologie di accordi che abbiamo incontrato con indicazione della scala da usare con le diteggiature adiacenti. Ho scelto di proporti solo accordi di SOL in tutte le tipologie che abbiamo incontrato per focalizzare la tua attenzione all'analisi verticale. Non è che ci dobbiamo dimenticare i centri tonali ma dobbiamo porre l'attenzione al fatto che se troviamo accordi articolati abbiamo immediatamente l'indicazione del centro tonale. Se abbiamo un accordo bemolle nona ci accostiamo un modo che abbia la nona bemolle, poi vediamo se l'accordo è maggiore o minore, e poi decidiamo se accostarci ad una tonalità maggiore o melodica. **Buon divertimento**.

ACCORDI MAGGIORI 7:

- 5° della Tonalità Maggiore   (Misolidio Maggiore pag. 75)

Nel Link 27 gioca su G7

LINK 27

ACCORDO MAGGIORI 7 ALTERATO:

- 7° della Tonalità Minore Melodica   (Superlocrio pag. 91)

- Scala diminuita semitono/tono (pag 110)

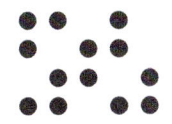

Nel Link 28 gioca su G7 alt

LINK 28

Pagina 121

ACCORDI MAGGIORI 7 ♭9:

- 7° della Tonalità Minore Melodica (Superlocrio pag. 91)

- Scala diminuita semitono/tono (pag. 110)

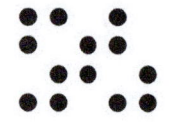

Link 29 gioca su G7 ♭9

LINK 29

ACCORDI MAGGIORI 7 ♭13:

- 5° della Tonalità Minore Melodica (Misolidio Minore Melodica pag. 90)

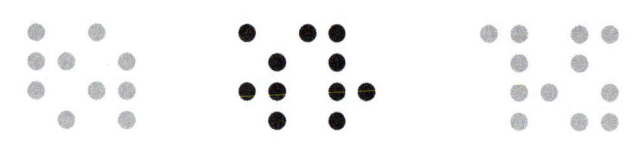

Link 30 gioca su G7 ♭13

LINK 30

ACCORDO MAGGIORI 7 #5:

- scala Esatonale (scala per toni interi pag. 115)

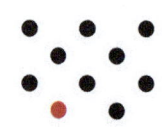

Link 31 gioca su G7 #5

LINK 31

ACCORDI MAGGIORI 7 #11:

- 4° della Tonalità Minore Melodica (Lidio di Dominante pag. 90)

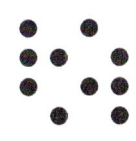

Link 32 gioca su G7#11

LINK 32

ACCORDI MAGGIORI Δ:

- 1° della Tonalità Maggiore (modo Ionico Maggiore pag. 69)

Link 33 gioca su GΔ

LINK 33

ACCORDI MAGGIORI Δ #4:

- 4° della Tonalità Maggiore (modo Lidio Maggiore pag. 72)

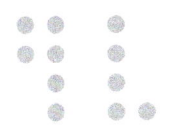

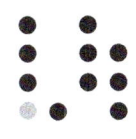

Link 34 gioca su GΔ #4

LINK 34

ACCORDI MAGGIORI Δ #5:

- 3° della Tonalità Minore Melodica (modo Lidio Aumentato pag. 90)

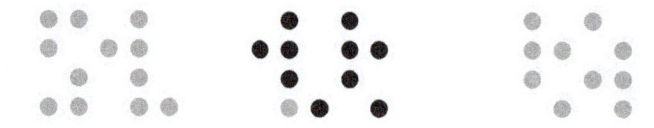

Link 35 gioca su GΔ #5

LINK 35

ACCORDI minori 7:

- 2° della Tonalità Maggiore (modo Dorico pag. 70)

Link 36 gioca su G-7

LINK 36

ACCORDI minori 7 ♭9:

- 3° della Tonalità Maggiore (modo Frigio pag. 71)

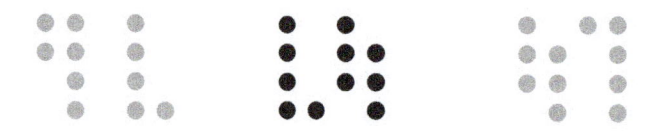

- 2° della Tonalità Minore Melodica (pag. 89)

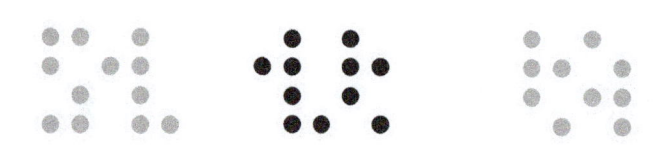

Link 37 gioca su G-7 ♭9

LINK 37

ACCORDI minori 7 ♭6:

- 6° della Tonalità Maggiore (modo Eolio pag. 76)

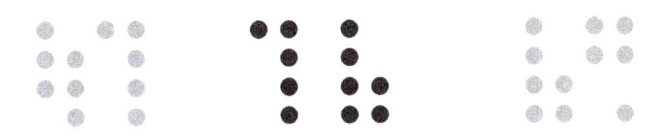

Link 38 gioca su G-7♭6

LINK 38

ACCORDI minori Δ:

- 1° della Tonalità Minore Melodica (modo minore Maggiore pag. 89)

Link 39 gioca su G-Δ

LINK 39

ACCORDI SEMIDIMINUITI (minori 7 ♭5):

- 7° della Tonalità Maggiore (modo Locrio pag. 79)

- 6° della Tonalità Minore Melodica (pag. 91)

Link 40 gioca su GØ

LINK 40

ACCORDI DIMINUITI (minori ♭7 ♭5):

Scala diminuita tono/semitono (si ripete per salti di terza minore pag. 111)

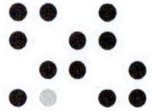

Link 41 gioca su G Diminuito

LINK 41

RIEPILOGO DEI LINK

LINK 1
Il V I in DO
Pag 48

LINK 2
base in C7+
Pag 58

LINK 3
base in G7+
Pag 69

LINK 4
base in A-7
Pag 70

LINK 5
base in B-7
Pag 71

LINK 6
base C7+ B-7
Pag 72

LINK 7
base in C #11
Pag 73

LINK 8
base in D7
Pag 75

LINK 9
base in E-7
Pag 76

LINK 10
base F# Semidim
Pag 79

LINK 11
Dominanti secondarie
Pag 100

LINK 12
Il V I e dominante secondaria
Pag 100

LINK 13
tritono
Pag 102

LINK 14
tritono
Pag 103

LINK 15
Sostituzione tritono
Pag 105

LINK 16
Tensione e risoluzione
Pag 106

LINK 17
Tensione e risoluzione
Pag 106

LINK 18
Tensione e risoluzione
Pag 109

LINK 19
base in G# DIM
Pag 110

LINK 20
base in G7 b9
Pag 110

LINK 21
base in Ab diminuito
Pag 111

LINK 22
Tensione 5+
Pag 112

LINK 23
Tensione 5+
Pag 113

LINK 24
Tensione 5+
Pag 113

LINK 25
Tensione 5+
Pag 113

LINK 26
base in G7 #5
Pag 115

LINK 27
Base in G7
Pag 119

LINK 28
Base in G7 alt
Pag 119

LINK 29
Base in G7 b9
Pag 120

LINK 30
Base in G7 b13
Pag 120

LINK 31
Base in G7 #5
Pag 120

LINK 32
Base in G7 #11
Pag 121

LINK 33
Base in G7+
Pag 121

LINK 34
Base in G7+ #4
Pag 121

LINK 35
Base in G7+ #5
Pag 122

LINK 36
Base in G-7
Pag 122

LINK 37
Base in G-7 b9
Pag 122

LINK 38
Base in G-7 b6
Pag 123

LINK 39
Base in G-7+
Pag 123

LINK 40
Base in G semidim
Pag 123

LINK 41
Base in G DIM
Pag 124

ULTIMO VIDEO
L'accordo minore
Pag 127

Pagina 128

Il mio ultimo consiglio

Il mio ultimo consiglio lo affido ad un video. Ti parlo di come mi comporto di fronte ad un accordo minore settima. In realtà non è un video didattico sull'accordo minore bensì una dimostrazione del funzionamento del metodo che propongo nel manuale. Buona visione

CHIUSURA

Termina così il percorso che abbiamo percorso insieme. Ne siamo usciti arricchiti, abbiamo preso dimestichezza con intervalli, accordi, scale, calcolo dei centri tonali. Ora ognuno di noi ha i mezzi per intraprendere il proprio percorso all'interno del viaggio dell'improvvisazione.

Un orologio rotto per due volte in un giorno segna l'ora esatta

Daniele Di Noia

www.laltromanualedibasso.com
www.danieledinoia70.it

E' il momento dei ringraziamenti.

Prima di tutto mio Padre, un riferimento assoluto, un uomo pacato ma fortissimo, gentile ma deciso con una forza di volontà insuperabile, il mio vero eroe. Monica Scarabello mia moglie, un grande amore, senza sarei perso. I miei figli Lorenzo e Melissa che sono la mia fortuna nella vita.

e poi:
Claudio Piazza, Simone Faiella, Massimo Alabiso, Ettore Scarfagna, Marco Mattoni, Paola Punzi, Lisa Santoro Roberto Mezzetti, Tonino Frasca, Cimino, Francesco La Scala, Fabio Melis, Filippo Avignonesi, Gennaro Soldi, Ciro Nardone, Luca Bernardini, Franco Fiori, Francesco Carloni, Carlo Cavazzini, Andrea Berni, Gianni Nocenzi, Stefano Palandri, Carlo Montuoro, Dave Summer, Benito La Porta con moglie e i figli Giuseppe Francesca ed Elisabetta, Adriano Punzi.
Marco Di Noia, Raffaele Di Noia, Emanuele Di Noia e la moglie Daniela Cicchetta.
I nonni Rossana ed Ernesto, Marco Di Orazio, Zio Peppe, Roberto Anulli, Sergio Di Stefano, Diego Dari, Ivan D'Ulisse, Sergio Ciani, Valeriano Battisti, Paolo Gariano, Sli, Agostino Dolci, Domenico Albini, Zia Iolla, Zia Barbara, Franceschino Lanza ed Manuelino Francisci, Paoletto Castro, Stephane del Vtwin, Antonio Rospini ed i Gemelli di Guidonia, i miei Fratelli di Costa Bigio Fabio e Matteo, Silvia Rossetti, Salvatore Amico, Francesco e Roberta De Muro, tutta Rionero in Vulture, Mamma, Valentino Di Persio, Rosario De Martino, Marco De Martino e Vittorio De Martino. Marco Bielli, Raffaele Varlotta x 3, Enzo Varlotta, Pino Pascale, Marco Marini, Gualtiero Mariotti, Aldo e i Gemelli, Giuliano Maurelli e Arianna Pacioni, il FATO, io.

Il ringraziamento a tutti questi amici è nella soddisfazione di dare e ricevere stima affetto e rispetto

Copyright © 2023 Daniele Di Noia

Tutti i diritti riservati.

La copertina è un'opera grafica realizzata da:
STEFANO "STEWIE" ASCHERI
Instagram:
STEWIESTE86

Printed by Amazon Italia Logistica S.r.l.
Torrazza Piemonte (TO), Italy